吉林大学哲学社会科学学术文库

中国东北地区
人口流失及其影响研究
——以吉林省为例

A Study on Population Loss and Its Impact
in Northeast China
——Taking Jilin Province as an Example

侯建明 ◎ 著

社会科学文献出版社
SOCIAL SCIENCES ACADEMIC PRESS (CHINA)

目 录
CONTENTS

第一章

人口流动理论和相关文献

第一节　人口流动相关理论

一　人口流动和人口迁移

人口流动通常是指人口在地域空间上的移动，更确切地说，是指人口从一个地区到另一个地区改变居住地的移动。在人口学上，人口流动和人口迁移这两个概念的含义并无不同，人口迁移也是指人口改变其居住地的移动。但是在我国，这两个概念在使用上是有区别的，只有在改变居住地的同时也改变户籍所在地的人口移动才称为人口迁移。

人口流动的概念，通常要比人口迁移更加广泛。广义的人口流动指人口在地域空间的一切移动现象，而不考虑移动的动机和目的、距离与时间等。但是在我国，人们习惯于把非永久性居留的地域间移动称为人口流动，而把永久性居留的地域间移动称作人口迁移。因此，在我国，狭义的人口流动只限于非永久性迁移，人口迁移则只限于改变法定住所和户籍的永久性迁移。与此相关，流动人口只限于在流入地无法定户籍的暂住人口，而迁移人口则只限于在迁入地有法定户籍的常住人口。

人口流动实际上是一种社会流动。人口的社会流动总体上包括人口横向流动和人口直向流动。人口横向流动就是指人口在地域空间上的流动，又可称为人口的迁移变动或机械变动，人们通常所说的人口流动实际上是指人口横向流动。人口直向流动则是指人口在社会阶层上的流动，即人们从一种社会地位到另一种社会地位、从一种职业到另一种职业的流动，包括向上流动和向下流动，人们常用社会流动一词来表示人口直向流动。人口横向流动和人口直向流动往往交织在一起且互相影响。

人口迁移是指人口在地理上的位置变更，从广义上讲，人口迁移泛指人口跨越一定空间范围的各种人口移动过程。从狭义上讲，人口迁移是指人口由一个常住地向另一个常住地的定居性移动。从时间角度来看，这里的"常住地"意味着迁移者必须在迁入地居住一定的时间。在人口学的研究领域中，人口迁移的定义比较含混。这是由于人口迁移现象并不像出生和死亡现象那么具体和明确。确定一个人是否为迁移人口很难有一致的看法，迁移人口的定义随研究目的或研究资料的不同而有很大的不同。虽然人口迁移的定义很多，但这些定义大致可归纳如下。

迁移是指一个人在特定的时间内，在地域上移动特定的距离，而这种移动通常带来住处的永久性改变。迁移可以是个人的行为也可能是团体性行为。首先，迁移意味着住处的永久性改变，以排除通勤、出差和旅游等临时性的移动。但是对于"永久性"并无明确的划分标准。人口学家在研究时通常以一年、二年或五年为标准。各国也没有统一的标准，有些国家规定为半年，有些国家规定为一年，有些国家规定为五年。目前我国对人口迁移的界定基本上是以户籍转移为准。事实上，居住时间越来越成为国内外人口迁移的首要衡量指标。其次，迁移强调居住地的改变必须超过一个特定距离，这是因为迁移超过某一特定距离时，迁移人口的社会关系或生活环境才会发生很大的改变。但对于"特定距离"同样也缺乏通用的标准。究竟要离开原住处多远才算迁移？是从一个街区到另一个街区，还是从一个城市到另一个城市，或者是从一个省份到另外一个省份？对于这种特定距离，研究者通常根据研究的内容进行主观判断。通常采用的方法是，把居住地的跨行政区的改变作为判定迁移的标准。但是行政区大小悬殊，而且迁移者原先居住的地点各不相同，有的人迁离一条街就已经超越原行政区的范围，而被认定为迁移者；而有的人虽然已迁离原居住地

100~200公里，但仍然在同一行政区域内，因此并不能被认定为迁移者。由此可以看出，特定距离的标准是不固定的，很大程度上由研究的内容而定。

二　人口地域结构

人口地域结构是按地域进行人口划分而形成的人口结构，主要包括人口的自然地理结构、行政区域结构和城乡结构。

（1）人口的自然地理结构。人口的自然地理结构指人口在不同的自然地理区域的分布，如在山区、丘陵地区、平原地区、沿海和海岛地区的人口所占的比重。研究人口的自然地理结构，对于国土开发、经济建设、生产布局和人民生活安排有重要意义。

（2）人口的行政区域结构。人口的行政区域结构指人口在各行政区的分布，如各省份人口在全国人口中所占的比重。研究人口行政区域结构，对于加强国家的行政管理、安排与调整行政区域的社会经济发展计划和人口发展计划及制定相应的政策，都是十分必要的。

（3）人口的城乡结构。人口的城乡结构是衡量一个国家经济发展水平的重要方面，对于研究人口与经济关系、制定国民经济和社会发展计划等具有重要意义。

人口和经济发展互相联系、互相依存、互相渗透和互相制约。经济是人口存在和发展的基础，没有一定的经济条件，人口就很难存在和发展；人口是经济行为的主体，没有一定数量、质量、密度和结构的人口，社会经济生活也不可能存在和发展。一方面，社会经济发展通过生产、分配、交换和消费各个环节，渗透到人口发展的主要方面，如由物质资料生产的消费品通过分配和交换提供给人口，社会的个人消费过程也就是人口的生产和再生产过程。另一方面，人口发展为社会经济发展提供劳动力资源。人口作为经济要素，作为生产者和消费者的统一体，作为经济关系的承担者，渗透到经济发展的主要过程和主要方面。社会经济的发展、生产力和生产关系的发展影响着人口的发展，影响人口各种变动、人口再生产的规模和速度，以及人口的素质、结构、密度和分布等。另外从人类社会发展的历史可以看出，社会经济发展的水平、规模和速度，同人口发展的水平、规模和速度，存在一定的内在联系，但这种联系在不同社会生产条件下的表现不同。一般说来，在以手工劳动为基础、自然经济占统治地位的社会里，劳动的协作和分工是提高劳动生产率和发展经济的主要途径，劳动力的数量、密度、素质对经济发展有特别重要的作用，在这种社会条件下，经济和人口大体上是沿相同的方向发展的。换句话说，在小农业和手工业相结合的社会里，如果经济发展速度加快、规模扩大，那么人口发展的速度和规模，也会相应加快和扩大；而人口发展的速度加快，在当时生产条件所允许的限度内，又会促进经济发展水平的提高。当然，在阶级社会里，经济停滞、民生凋敝，往往同政治动乱、战争和灾荒等联系在一起，而这些情况的出现又往往使人口规模大幅缩减。

人口和经济在速度和规模方面都按相同方向发展的情况一直延续到资本主义工业化初期。在西方资本主义国家，随着机器大生产的发展，技术水平不断提高，市场对劳动力的需求在数量上相对减少而在质量上不断提高，劳动力的培训费用和培育时间不断增加，科学技术的发明和改进成为提高劳动生产率和发展经济的主要途径。在上述社会条件下，经济和人口在增长速度上不一致，有时甚至按相反的方向发展，在经济增长速度提高的情况下，人口增长速度反而相对下降。自 1880 年以来，法国和英国先后出现人口增长速度不断下降的趋势。美国从 1900 年以来，总体经济增长速度比 19 世纪快，人口增长速度却相对下降。

在人口和经济发展的相互联系中，经济发展是矛盾的主要方面，它对人口发展有决定性影响。这主要因为在社会生活中，经济是基础，影响人口发展的政治、文化、道德等因素；人口发展的决定性条件是经济条件，人生活在由社会生产方式决定的社会机体中；人口发展受人口规律的支配，而人口规律的社会性质和特点又取决于人口和生产条件的关系，而且一定社会的人口规律发挥作用的范围受这个社会的基本经济规律的支配。

三 劳动力供给与劳动参与率

劳动年龄人口，指在某一年龄范围内具有劳动能力的人口。劳动年龄人口又分为经济活动人口与非经济活动人口。

劳动力供给，包括劳动力的潜在供给和有效供给。前者主要是指劳动力资源，即具备劳动能力的合法的全部人口。后者即经济活动人口，是考虑了劳动参与率以后的劳动力供给，等于参与经济活动中的在业和失业人口之和。为了便于统计分析，将符合一定年龄的人口都视作劳动力的潜在供给人口，即劳动年龄人口。劳动年龄人口的统计口径在不同地区或组织略有不同。联合国人口基金会将 15~64 岁的人口看作劳动年龄人口，而国际劳工组织将 16 岁及以上的人口视作劳动年龄人口。按照法定退休年龄，我国将 16~59 岁的男性和 16~55 岁的女性看作劳动年龄人口。本书为了方便比较，统一采用联合国人口基金会的统计口径，即将 15~64 岁的人口视作劳动年龄人口。由于数据缺失，本书选取东北地区统计年鉴中 1990~2017 年的就业人员与城镇登记失业人员两项数据，通过相加获取东北地区经济活动人口数量。

劳动参与率，即经济活动人口占劳动年龄人口的比重。

四 刘易斯二元经济结构理论

刘易斯提出了二元经济结构理论，把发展中国家的经济划分为传统的农业部门与城市现代工业部门，前者效率低、存在劳动力过剩，而后者效率高，是经济增长的主要部门。经济的发展既依赖工业部门的扩张，也需要农业部门提供丰富的劳动力，两个部门在经济结构和收入方面的差异造成劳动力的转移，从而引起农业人口向城市的转移，直到农村剩余劳动力被城市完全吸收，这是发展中国家经济发展的第一个阶段。此后由于农业部门劳动生产率提高，农业生产模式的工业化程度提高，农业部门开始与工业部门竞争劳动力，二元经济合为一元经济，这是发展的第二个阶段。该理论强调把经济增长与劳动力的转移结合起来，较好地解释了西方发达国家的历史经验，但是该理论假定劳动力可无限供给，这在现实中并不存在，而且该理论也忽略了农业部门在经济发展中的重要作用。后来拉尼斯和费景汉修正了该模型，认为农业部门劳动生产率的提高、剩余产品的出现是劳动力流动的先决条件并把劳动力的转移分为三个阶段：①农业部门的边际劳动生产率等于零的阶段，该阶段的劳动力转移不会受到阻碍，因为农业部门的产出并不会随着农业劳动力数量的减少而减少，粮食不会出现短缺问题；②农业部门的边际劳动生产率大于零但小于不变制度工资的阶段，这一阶段的劳动力转移将受到农业总产出下降的影响；③农业部门的边际劳动生产率大于不变制度工资的阶段，此时工业部门要吸引农业劳动力就必须提高本部门的边际劳动生产率，使其至少等于农业部门的边际生产率。这也被称为刘易斯-拉尼斯-费景汉发展模式。

五　成本-效益理论

舒尔茨把迁移看作一种投资，类似于教育投资，即人口迁移的经济投入和非经济投入都是投资，迁移后所得的收入是收益。人们要综合考虑迁移过程中的成本以及迁移后的潜在收益，是否迁移取决于在迁入地获得的平均受益能否超出在迁出地所获得的收入和迁移成本之和。当前者大于后者时，迁移行为发生。人口的迁移成本主要包括迁出地的原有收入、交通成本、寻找工作和待业期间的收益损失等，而迁移的主要收益包括工资水平的上升，更完善的福利、信息的畅通、居住环境的改善等。年轻人的迁移成本较低，而且迁移后能有较好的机会和较长的时间提高收益，这也能够部分解释迁移人口中年轻人较多的现象。该理论的主要缺陷是影响迁移决策的因素较多，无法全部量化，实际很难有人在迁移之前对成本和回报进行精准的分析。

六　推-拉理论

1938 年，赫伯尔第一次系统提出了推-拉理论，他认为人口迁移是由一系列"力"引起的，一部分为推力，另一部分为拉力。该理论认为，人口迁移是迁出地的推力或排斥力和迁入地的拉力或吸引力共同作用的结果，人口迁移的目的是改善生活条件，迁入地的那些有利于改善生活条件的因素就成为拉力，而迁出地不利的生活条件就是推力，人口流动就由这两股力量所决定。劳动力迁移主要是由迁入地与迁出地的工资差别所引起的。从迁移者个体的行为决策过程来看，推-拉理论的成立包含两个基本假设：一是假设人们的迁移行为是一种理性的选择，二是假设迁移者对迁出地和迁入地的信息有比较充分的了解。

七　雷文斯坦的人口迁移理论

英国统计学家雷文斯坦通过《关于迁移的规律》一文，总结了人口迁移的七大法则：①人口迁移受到距离的影响，人们通常倾向于短距离的迁移，离商业中心越远，人口迁移数量越少（距离）；②人口迁移呈现递进的模式，离城市较近人口的迁移所带来的人口空缺会由更远地区的人替补（递进）；③人口迁移是双向的，有顺向迁移和逆向迁移之分（双向）；④城镇居民迁移的可能性比农村居民小（城乡）；⑤迁移存在性别差异，女性以短距离迁移为主，且相对于男性，女性的迁移倾向更强（性别）；⑥便利的交通工具能够促进人口的迁移（便捷）；⑦为了提高和改善生活质量而迁移在迁移人口中非常普遍（经济）。美国学者李在雷文斯坦理论的基础上，进一步发展了人口迁移理论。他认为影响迁移行为的因素可以归结为四点：①与迁入地相关的因素；②与迁出地相关的因素；③中间障碍因素；④个人因素。其中，与迁入地相关的因素除了更高的收入以外，还包括更好的生活条件、更好的受教育机会以及更好的社会环境等。中间障碍因素主要包括距离远近、语言文化的差异等。另外，前三个因素深受个人因素的影响，而且不同因素对于不同人群的影响不同。对于每个个体而言，当迁出地的负作用与预期迁入地的正作用的合力同迁出地的正作用与预期迁入地的负作用的合力差大于中间阻碍因素构成的阻力时，迁移行为才会发生。

八　迁移动机理论

可采用性、价值、预期和诱因是迁移动机理论的四个要素，并且前一个要素依次导出后一个要素，这些要素梯次影响迁移者的迁移决策。第一个要素是可采用性，可采用性包括两层含义，一是物理意义上的可采用性，即一个人的迁移行为不受法律、制度方面的外力阻碍。例如，许多国家的法律对国际迁移者有多方面的限制，囚犯的迁移就不具备可采用性。二是迁移决策在认识上的可采用性。那些对于同自己居住的社区和国家在感情上有密切联系的人，他们就不会迁移。第二个要素是价值，即根植于社会之中的价值观。例如，东西方社会和文化的差异，使价值要素对迁移起到或推动或阻碍的作用。第三个要素是预期，即个人对于迁移是否能够帮助他达到目标的估计。即使第一和第二个因素已经具备，但如果一个人不相信自己能够通过迁移实现自己的目的，迁移也不会发生。第四个要素是诱因。当然，影响迁移的诱因是多种多样的。①经济动机。西方经济学家的实证研究表明，经济动机在迁移，尤其是在劳动力迁移中占统治地位。②居住满意性。当对现居住地不满意，或把居住地作为提高生活满意度的手段时，这一动机就会影响迁移决策。③社会流动及社会地位变动。社会学家把社会流动作为迁移的主要动机之一，认为农村缺乏流动机会，而城市人口的迁移是为了实现社会阶层的向上流动。不仅社会地位的获取，而且社会地位的保持也是迁移的重要动机。④生活方式偏好。生活方式偏好对迁移决策起着重要的"拉力"作用。城市居民对农村和非都市区的生活方式偏好使非经济动机越来越成为发达国家迁移的一个关键的影响因素。在发展中国家，生活方式偏好则是吸引迁移者由农村迁移至城市的主要因素。⑤不迁移的动机。这一动机主要是指维持以社区为基础的社会、经济联系。老年人往往不愿意因迁移而打破这些联系。⑥家庭和朋友的影响。家庭的组建、家庭规模的变化、离婚和配偶去世等都可能是人口迁移的原因。另外，在目的地有朋友和亲戚的人可能更容易做出迁移决策。

九　人口与劳动力供给理论

劳动力供给由一定时期、一定区域内的劳动年龄人口构成，劳动力人口随总人口的变动而变动。劳动力人口是总人口的一部分，在其他条件一定时，劳动力供给随着人口规模的增长而增长。但是劳动力人口的变化受多种因素影响，其变化形势并不一定总是与人口总量的变化保持一致，劳动年龄人口数量也受人口结构的影响。随着社会发展，人口出生率与死亡率不断下降，人口的年龄结构也在不断变化。一方面，人口年龄结构中劳动年龄人口占总人口比重影响劳动力供给的变动。0~14岁人口比重大，表明人口年龄结构属于增长的年轻型结构，随着这部分人群年龄增长，劳动力供给将呈现不断增长的态势。如果65岁及以上老年人口比重较大，则说明人口年龄结构趋于老龄化，劳动年龄人口比例相对较低，劳动力供给可能出现停滞或者减少的情况。另一方面，劳动年龄人口的年龄构成不同，也造成了劳动力供给的明显差异。若劳动年龄人口结构呈正金字塔状，即劳动年龄人口过于年轻化，则未来劳动力供给充足，但是可能会产生就业压力较大的副作用；若劳动年龄人口结构呈倒金字塔状，即劳动年龄人口过于老龄化，则会带来劳动力供给不足、劳动年龄人口的抚养压力较大等社会问题。

十　劳动力供给的生命周期理论

Mincer（1962）提出劳动力供给生命周期理论，认为劳动力供给对于工资率和收入的反应是有区别的。消费、生育选择、商业周期的变化影响劳动参与的时间而不是劳动力的数量，工作的时间决策是根据利益最大化原则做出的。当前的劳动力供给会导致未来的收入变化，因此，个体在未来和当前两种变动方向相反的效用之间进行权衡。Becker（1976）认为个体年轻时缺乏工作经验，生产率相对较低；中年过后，又会面临身体状况变差、知识经验落后的境况；在中年时有较丰富的工作经验和良好的身体素质，即中年时期是个体从事市场活动生产率最高的阶段，所获经济报酬也最高，因此这一阶段个体的劳动参与率与生产率高度相关。通常情况下，一个人年轻时的工资率相对较低，随着年龄的增加，工资率不断上升，但是进入晚年后工资率则保持稳定或者下降。通过生命周期理论，我们发现劳动力供给的特征：个体的闲暇活动集中在早年和晚年；而在中年阶段，个体倾向于投入工作之中，因为此时的经济报酬最高。

第二节　人口流动相关文献

一　关于流动人口特征的研究

刘通（2007）用散点图表示普查人口与户籍人口之间的关系，进而利用简单的二元回归分析各地区的流动人口指标与地区经济发展指标之间的相关关系，最终得出流动人口不断从经济相对落后地区向发达地区集中的结论。此外，流动人口的比重不仅和地区间的经济差距密切相关，更与地区间教育投入、医疗卫生水平的差距有很重要的关系。段成荣和杨舸

（2009）基于 2005 年全国 1% 人口抽样调查数据，考察并描述了全国流动人口的地域分布、人口学特征和就业及权益保障等基本情况。他们发现，流动人口主要来自欠发达的中部省份，人口主要流向较发达的东部和南部沿海省份；流动人口的性别结构正在悄然发生变化，女性所占比重在提高；流动人口的流动时间趋长，且部分人事实上已不再流动；绝大多数流动劳动力从事生产、运输设备操作和商业、服务业，月均收入在千元水平的流动人口的就业权益得不到保障。沈琴琴（2010）用北京市统计局外来人口动态监测调查数据对流入北京市的人口进行分析，发现外来人口所从事的行业主要集中于传统服务业、建筑业及制造业，并且他们以从事体力劳动为主，人口文化素质普遍偏低，与产业结构优化升级的总趋势不相匹配。马红旗和陈仲常（2012）基于第六次全国人口普查数据，发现我国省际流动人口规模虽然低于省内流动人口，但省际流动人口的上升幅度大于省内流动人口。此外，省际流动人口以开展经济活动为主要目的，且以短期流动为主，省际流动人口相对于省内流动人口更"年轻化"。

陈双德（2013）借助 2012 年江苏省流动人口动态监测数据，得出流动人口具有就业率高、月收入较低、就业时间长、就业行业与职业分布集中、农业人口比重高等特征。姜玉等（2016）利用国家卫生和计划生育委员会 2011~2014 年流动人口动态监测调查数据，研究得到东北地区与全国相比，流出人口年龄偏大，并且流出人口受教育水平高于流入人口。

龚丽云（2003）认为流动人口的职业以体力劳动为主，并且由简单的体力劳动逐渐转向技术型体力劳动，但整体呈现低端性特点；流动人口主要分布在第二、第三产业，就业与产业结构密切相关，但不同人员由于自身技术水平、文化水平、经验等不同，在区域分布上具有差异；脑力劳动者数量从中心区向偏远区逐渐递减。韦小丽、朱宇（2008）指出流动人口的就业分布较为集中，多数人从事第二、第三产业中技术含量较低、劳动强度较大的职业。杜丽红（2008）指出我国城市流动人口最突出的问题是其权益得不到有效保障，如流动人口无法享有平等的就业权，基本享受不到城市政府提供的公共服务。郭欣欣（2010）从社会保护的角度出发实证分析流动人口就业、收入和社会保护的现状，指出流动人口被排除在城镇的主流劳动力市场之外，在城镇内的就业与收入都处于弱势地位。并且，流动人口受户口性质、文化程度以及技术水平的影响，相对于常住人口在就业与收入方面都处于弱势地位。王蔚（2011）在对成都温江区946名流动人口就业情况进行调查后指出，流动人口的职业构成以体力劳动为主，就业途径比较单一，最常见的就业渠道仍然是亲戚朋友以及老乡之间的相互介绍，就业质量一般，绝大部分人员没有购买保险。从工作的稳定性上来看，在温江区的流动人口中，有48%的人员从事现有职业的时间在一年以上，其中达到了三年的占20%，温江区流动人口的工作较为稳定。张鹏程（2016）指出城市流动人口往往没有平等的就业权，工作中的合法权益无法得到较好保障。张幸福、王晓峰（2019）利用2015年中国流动人口动态监测数据，使用无序多分类Logistic回归模型对就业选择的影响因素进行分析，得出人口流动的范围、受教育程度和家庭收入水平等对流动人口的就业选择有影响。

陈吉元（1996）指出农民大量涌入城市的重要原因是农民的失业率高且收入低，其中城市高收入的推动力也是一个重要因素。张为民（1998）指出随着改革开放的逐渐深入，我国人口流动的原因从以社会原因为主转变为以经济原因为主，其中务工经商在经济原因中占较大比重。白光润、朱海森（1999）认为人口流动的重要原因是收入水平与生活环境的空间差异所产生的吸引力和排斥力。朱传耿等（2002）利用相关数据进行研究发现，市区个体劳动者人数、市区工业总产值以及市区从业人口对于人口流动影响显著。段平忠（2008）利用应用经济学中的效用理论建立人口流动的行为分析模型，发现收入水平、地区差别以及受教育程度都对人口流动产生一定影响。肖宝玉（2013）分析指出地理位置与经济发展影响人口流动，如第二、第三产业不发达的地区劳动力往往外流，此外地域文化与迁移传统对于人口流出也有一些影响。张航（2018）认为中国东北地区人口流出的原因主要是产业类型导致的结构性劳动力过剩以及市场经济活力不足。

二 关于人口流出产生的影响研究

逢锦波（2007）认为人口迁移作为一种很正常的社会经济现象，对社会经济的发展具有多方面的积极意义：第一，跨地带人口迁移加速了地区工业化、现代化进程，推动了地区的经济发展，促进宏观经济增长；第二，跨地带人口迁移有利于劳动力资源的合理配置，弥补劳动力总量和结构性短缺；第三，跨地带迁移人口加快流入地的城市化进程。尹豪（2006）指出流动人口若将在外学习到的技术以及管理经验带回原居住地，可以更好地促进原居住地的发展。杜小敏、陈建宝（2010）利用变系数的面板模型，发现人口迁移和人口流动都对提高整体经济效率有利。对于人口迁移来说，净迁入人群对迁入省份的产出弹性显著为正，但是对于迁出地来说，人口迁移与产出的关系并不显著；对于人口流动来说，无论是净流入还是净流出，对绝大多数省份的产出弹性为正，这说明在市场的作用下，人口的迁移和流动对中国整体经济来说是帕累托改进的。张航（2018）认为人口的流出能提高人均资源占有量，对于东北三省来说未必是坏事。

但是，人口的大量流出也带来了一些消极影响。付晓东（2007）认为随着流动人口大量进入城市，流动人口与城市的融合与冲突问题凸显，公共安全问题愈加复杂。一是公共产品难以满足日益增长的人口需要；二是城市社会问题愈加突出，主要表现在城市贫困、社会保障等方面；三是城市管理难度增加。流动人口的快速增长，打破了原有体制和资源条件的限制。杨雪、龚凯林（2017）利用2013~2015年流动人口动态监测原始数据和2002~2012年全国暂住人口统计资料汇编估算了中部各省2002~2012年每年流出人口的规模，通过模型分析，发现中部省际人口流出对中部总体经济增长具有微弱负向影响，中部省际人口流出不利于缩小中部地区与东部地区的差距。王晓峰（2015）利用吉林省延边地区朝鲜族人口流动的调查数据，指出随着大量中青年劳动力外出，老年人缺乏日常生活照料和医疗护理，再加上社会养老的基础比较薄弱，养老需求和社会保障之间形成了矛盾。而且，育龄人口减少、持续低迷的生育意愿使得朝鲜族每年新增的人口越来越少，已经威胁到了朝鲜族人口的可持续发展，需要引起高度重视。最后，人口流动给原有家庭模式带来的影响不可忽视。

三　关于劳动力供给影响因素的研究

人口学中，劳动年龄人口规模与劳动参与率相乘可计算出劳动力供给的数量，劳动年龄人口规模又是由总人口规模和劳动年龄人口所占比重相乘得出（童玉芬、齐晓娟，2008），所以判断人口年龄结构变动对劳动力供给的影响，本质就是判断人口年龄结构如何影响人口规模和劳动参与率，进而影响劳动力供给。劳动年龄人口的变动随人口年龄结构的变动而变动（卢元、朱国宏，2001），劳动年龄人口比重越大，劳动力供给则越充足。

人口结构除了影响人口规模，也直接影响劳动参与率。郑真真、廖少宏（2007）认为随着劳动年龄人口日益老化，高龄劳动人口所占比重增加，而这部分人群的劳动参与率明显较低，即使人口总量保持不变，劳动力供给也将减少。杨雪、侯力（2011）认为低年龄人口和女性人口的受教育程度提高以及劳动年龄人口的老龄化将降低我国劳动参与率，进而减少未来劳动力的有效供给。王欢（2015）则从个体生命周期理论出发，通过讨论不同年龄段劳动年龄人口的参与特征，推测随着劳动年龄人口内部结构的老龄化，45岁以上劳动年龄人口不断增加，我国的劳动参与率将呈现下降趋势。周祝平、刘海斌（2016）运用国内面板和国际面板进行实证分析，证明人口老龄化在解释劳动参与率差异方面起到重要作用，且两者存在显著的负相关关系。

四　关于劳动力供给预测的研究

关于我国人口预测及劳动力供给预测的研究中，曾毅（1993）提出了一种城乡人口动态预测模型，并据此进行人口预测。郑晓瑛等（2007）运用多状态人口预测模型预测了2000~2030年人口规模的变化和我国人力资本的增长情况，并分析了城市化和人口迁移对我国未来人口发展的影响，不过他们关注的是我国人力资本的变化趋势。彭秀健（2006）设计了不同的生育率方案，预测了未来45年内我国劳动力供给的变化趋势，预测结果显示2020年以后的劳动力供给将大幅降低。齐明珠（2010）采取分要素预测法，预测劳动年龄人口和劳动参与率的未来变化。预测结果显示，2016年后即使我国总和生育率到2020年达到更替水平并持续下去，我国在长期也将面临劳动力供给小于需求的问题。低生育水平的巨大惯性将对我国中长期劳动力市场造成严重的影响。童玉芬（2014）重点分析了老龄化对我国劳动力供给带来的影响，认为2030年以前老龄化将缓慢引起劳动年龄人口规模的下降，但年轻劳动力下降则非常迅速。翟振武等（2015）运用队列要素法分析中国 2015~2100 年的人口规模和结构的变动趋势，预测中国总人口规模将于 2029 年左右迎来峰值，此后将步入负增长时期，整个人口的年龄结构将不断老化；劳动年龄人口规模将持续缩减，劳动年龄人口比重在 21 世纪将保持下降趋势。张车伟、蔡翼飞（2016）运用脱离人数教育法预测我国劳动力供给，结果显示新增劳动力供给规模稳中略降，劳动力供求呈现基本平衡的格局。

五　关于国际人口流动的研究

关于人口流动，国外主要是从国际移民的角度进行研究，讨论移民对于移出国和移入国的影响，主要观点认为国际移民短期的流动对移出国社会带来积极影响，因为回流的移民会带回积蓄和先进的技术，而永久性的国际移民对移出国带来负面影响，因为这会导致地区人口萎缩，并且减少汇款机会和投资动机。

国外研究通常认为，在改革开放之前，中国的流动人口并非以农业人口为主，但在改革开放之后，中国社会出现了农村人口向省会城市及东南沿海经济发达地区流动的高潮，并且延续至今。

Harry Xiaoying Wu（1994）认为发展中国家的政治、经济、技术背景不同，但是发展中国家的城市化模式基本是相似的。

闵家楠、曹小曙（2018）使用人口迁移选择指数表示人口迁移规模，在 ArcGIS 软件支持下对世界各国的人口迁移规模进行空间可视化分析，发现国际人口迁移规模大、增长速度快。具体而言，2013 年国际迁移人口达总规模的 3.32%，且北美洲、欧洲和波斯湾仍为主要的移民接收区。人口迁入规模大的国家以发达国家和传统移民国家为主，美国是世界上最大的移民接收国；人口迁出规模大的国家以发展中国家为主，印度为世界最大的移民迁出国。

陈奕平（2002）根据统计数据，指出 20 世纪 90 年代美国人口迁移呈现以下特征：迁移率总体上呈下降趋势；地区迁移方面，自 1945 年以来美国人口的南移和西迁趋势仍在继续；都会人口流动方面，美国都会地区人口增长快过非都会地区，而都会区内人口的郊区化仍在持续。

六 关于东北地区人口问题的研究

诸多学者从人口角度对东北地区存在的问题进行了研究。侯力、于潇（2015）认为东北地区存在人口净迁出规模不断扩大、人口老龄化日趋严峻、人口出生率过低以及边境地区人口流失严重等突出性人口问题。这些突出性人口问题将带来社会保障体系的财力支撑风险、城市空心化风险、边境安全隐患等一系列问题，并对该区域的经济社会发展产生重要影响。李雨潼、张剑宇（2010）从抚养比角度，指出东北地区的总抚养比较低的现状是由少年儿童抚养比较低造成的，应避免被较低的抚养比误导而忽视低抚养比下老龄化程度日益加深的风险。侯力（2018）分析东北地区超低人口生育率的形成原因，认为东北地区的低生育率是经济社会发展和社会政策共同作用的结果，城镇化水平、农民经济状况、人口结构等多种因素影响东北地区的生育率。赵秋成（2013）通过对多截面时间序列数据的回归分析发现，少儿抚养比较低是东北劳动力参与率最低的直接原因，人口老龄化是东北地区的劳动参与率明显低于其他地区的重要原因。姜玉等（2016）定量分析了东北地区的人口流动情况，发现东北地区平均每年流出人口超过 200 万且数量逐年递增，流向呈现从北到南的趋势。辽宁省为人口净流入省份，而吉林省、黑龙江省则是人口净流出省份。在劳动力供给预测方面，杨雪（2007）通过设定不同生育率方案预测东北地区的劳动年龄人口，预测结果显示，东北地区劳动力供给总量表现为先上升，2010年到达峰值，之后呈现逐年下降的趋势。同时，东北地区的劳动力供给还存在劳动技能人口分布不均衡、内部结构老龄化等问题。随着近年来东北地区人口形势的不断变化，本书将进一步研究东北地区劳动力供给的变动与预测。

第二章

我国流动人口发展情况和东北地区人口迁移情况

第一节　我国流动人口发展的基本态势

人口的迁移与流动是人口变动主导因素之一。当前我国人口再生产模式已转化为"低出生、低死亡、低增长",人口自然变动对人口数量的影响明显降低,并且地区差异性不大。2020 年第七次全国人口普查数据显示,31 个省份的总人口为 14.1178 亿人,比 2010 年增加了 7205 多万人,年均增长率为 0.53%。然而,在全国人口保持正增长的同时,某些地区出现了负增长。例如,吉林省 2020 年全省常住人口为 2407.3 万人,比 2010 年减少了 337.9 万人,年均增长率约为 -1.3%。但上海常住人口呈现快速增长趋势,2020 年比 2010 年增加了 185.2 万人。由此可见,我国部分地区开始出现外流型人口负增长①。社会经济发展较好的地区,人口呈现正向快速增长;经济发展较差地区,人口增长缓慢,甚至出现负增长。这是由于人口流动对人口变动的影响越来越大。人口的流动正在成为影响中国各地区人口增长和分布的主要因素。我国流动人口规模出现先上升后下降的趋势,2017 年流动人口比 2015 年末少了 253 万人,同时人口流动造成的人口集聚现象进一步增强,流动人口持续向各大城市群集聚。人口大规模的流动必然会给流入地和流出地带来一定的影响。自改革开放以来,我

---

① 根据《中国流动人口发展报告 2018》,外流型人口负增长是指在人口处于较低自然增长率的背景下,某些地区由于人口流出量大于人口自然增长量而造成人口数量绝对减少的状态。

国流动人口规模的变动大概分为三个阶段。

第一阶段是改革开放初期，从 20 世纪 80 年代到 90 年代初期，国家逐渐放开对农村人口进入城镇的限制。1984 年 10 月，国务院发布了《关于农民进入集镇落户问题的通知》，要求积极支持有经营能力和有技术专长的农民进入集镇经营工商业，并放宽落户政策，这促进了农村人口向城镇的转移。此后，中国流动人口规模日益扩大，从 1982 年的 660 万人增长到 1990 年的 2135 万人（见图 2-1），年增长率为 15.8%，农村剩余劳动力得到释放。这个时期人口流动形式主要是从农村流向城市的非户籍流动，并且以省内流动为主，农村剩余劳动力多就近转移至乡镇。务工与经商是人口流动的主要原因，人口向东部沿海地区集中化趋势凸显。

第二阶段是 20 世纪 90 年代中期至 2010 年，这一阶段人口流动政策进一步放开，流动人口迅速增长。进入 21 世纪以来，国家更加重视流动人口的公平问题，并实施了一系列相关政策。2000 年国家出台了《关于促进小城镇健康发展的若干意见》，对于拥有合法固定住所、稳定的职业或生活来源的农民，可根据本人意愿转为城镇户口，放开落户限制。2006 年国务院颁布了《关于解决农民工问题的若干意见》，以保障农民工合法权益，改善农民工就业环境，引导农村富余劳动力合理有序转移。在这个阶段，流动人口规模出现了井喷式增长，年均增长率超过 12%，流动人口规模从 1990 年的 2135 万人增长到 2010 年的 22143 万人。此时，省际流动人口比重迅速增加，1990 年约 3/4 的流动人口为省内流动，到 2000 年跨省流动人口占总流动人口的 36.4%，2005 年这一比重达到 46.1%（翟振武等，2019），同时人口流向趋于集中化。2005 年，流动人口为 1.47 亿，其中，东、中、西部地区分别吸纳流动人口的 64.5%、17.2% 和 18.3%。

第三阶段是 2011 年至今，我国流动人口规模进入调整期。我国流动人口规模在 2011~2015 年增长速度明显下降。2015 年我国流动人口规模达到顶峰，为 2.47 亿人（见图 2-1）。从 2015 年起，流动人口规模开始呈缓慢下降趋势，2016 年全国流动人口规模同比减少了 170 万人，2017 年又减少了 80 万人。这可能受到户籍制度改革、部分流动人口返乡等多种因素的影响。目前虽然流动人口规模有所下降，但预计到 2030 年之前，流动人口总量还会缓慢增加。这一阶段由于我国产业结构和布局发生重大调整，劳动密集型产业

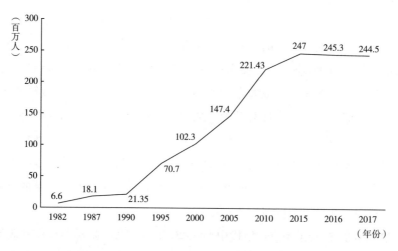

图 2-1 1982~2017 年中国流动人口规模

资料来源：根据历年发布的流动人口动态监测数据整理而来。

逐渐转型为资本密集型产业，又由于高校招生规模的扩张，从 2010 年起，每年都有超 800 万大学生进入各地劳动力市场，他们多集中在一、二线城市异地就业，这使得我国流动人口规模与经济增长出现了新局面。

虽然流动人口在我国很早就出现了，但自中华人民共和国成立至改革开放以前，由于受社会制度等多重因素的制约，人口的流动和迁移受到一定程度的控制。随着改革开放政策的推行以及城市化和现代化的发展，流动人口规模大幅增长，对社会、政治、经济和文化等各方面都产生了广泛而深刻的影响。近 40 年来，我国流动人口在规模、结构、分布、成因等多方面都发生了重要变化。

一 流动人口规模呈 "S" 形增长，正迈入调整期

随着城市化的推进、经济发展方式的转变及户籍制度的变迁，我国流动人口总量在 1980~2017 年呈现先上升后下降的趋势。1982 年流动人口占全国总人口的 0.7%，2000 年流动人口总量超过 1 亿人，2015 年流动人口规模达到 2.47 亿人，占总人口的 18%。这是中国史上较大规模的人口流动，在今后较长一段时间内，人口大规模流动仍是我国人口发展及经济社会发展中的重要现象。

2015 年后流动人口总量首次出现下降趋势，2017 年流动人口总量进一步下降。

二　人口流入地区仍集中在东部沿海，但流向有分散化趋势

我国人口流动空间差异性较大。改革开放使我国经济发展水平得到大幅度提升，但随着东、中、西部地区经济发展差距的扩大，大量人口涌入东部沿海城市，并且东部地区在相当长的时间内呈现人口净流入的趋势，其中以农村人口向城镇迁移为主。从省级层面来看，改革开放初期，我国人口流动方向主要集中在北方省份。东北三省是人口聚集区域，1982 年，东北三省流入人口占总流动人口的 16.8%，其中，黑龙江占 8.6%，位居全国第一。2015 年，东北地区吸纳全国流动人口的 6.4%（见图 2-2）。与此同时，珠三角地区与长三角地区迅速发展，吸纳大量人力资本。东南沿海地区逐渐成为流动人口的聚集区。人口向东部地区流动，一定程度上为东部地区的发展提供了大量劳动力，促进了当地经济发展。当东部地区进入后工业阶段时，省际区域经济发展差距与东、中、西部地区之间的差距相比不大，并逐渐形成了城市经济网，这使得中西部地区人口更加倾向于短途迁移，东部地区对流动人口的吸引力逐渐下降。东部地区的流动人口占全国的比重由 1982 年的 34.1% 上升到 2015 年的 51.2%，增长了 17.1 个百分点，其他三个区域都有所下降，其中下降幅度最大的是东北地区，降低了 10.4 个百分点。

目前来看，人口流动的主要方向依然是东部地区，但是流动速度有所减缓。在 2010~2015 年，东部地区流动人口占比下降了 5 个百分点。同时，人口由中、西部地区迁移到东部地区的增速也逐渐减缓，我国人口流向的分散化趋势逐渐显露。这一方面是由于西部大开发、中部崛起等政策力度不断加大，沿海地区产业向内陆转移速度加快，流动人口原住地的经济发展水平有了很大程度的提升；另一方面则是受东部地区较高的生活成本的影响。相较而言，东北地区仍然需要进一步努力，抑制人口净流出态势。因此，现阶段对于人口流动的研究不再局限于户籍制度下的人口空间迁移行为，而是更倾向于人口的即时流动以及省内各地区的人口迁移。我国目前正经历着人类历史上在和平时期前所未有的、规模最大的人口流动，并成为世界上最大的人口迁移流。

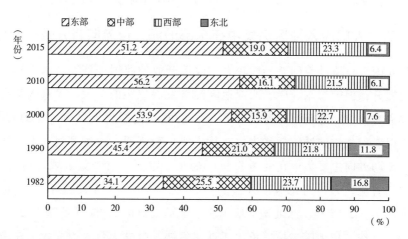

图 2-2 1982~2015 年中国各地区流入人口占总流动人口比重

资料来源：根据历次人口普查数据和 2015 年 1%人口抽样调查数据整理而来。

流动人口的流向一方面在分散化，另一方面少数特大城市，如北京、上海、深圳等，接受越来越多的流动人口。城市群人口"向心化"分布明显。京津冀、长三角、珠三角三大城市群均拥有 2~3 个能够吸引流动人口的超大城市。长三角和京津冀城市群从 1990 年流入人口占全国总流动人口的 6.16%和 4.46%增长到 2010 年的 16.68%和 7.88%（见表 2-1）。2010 年，城市群吸纳了 54.33%的流动人口，而这些人口主要集中在城市群的核心城市，呈现"外疏内紧"的布局。这主要是因为核心城市往往承担着经济、政治等职能，因此，其与外围城区相比有着天然的优势，在平均收入、基础设施、医疗保障、社会服务等方面处于更高水平。

表 2-1 城市群流动人口占比变化

单位:%

城市群	1990 年	2000 年	2010 年
珠三角	6.00	24.56	16.71
长三角	6.16	12.86	16.68
京津冀	4.46	5.47	7.88

续表

城市群	1990 年	2000 年	2010 年
长江中游城市群	4.01	3.09	3.46
成渝城市群	3.92	3.23	4.85
中原城市群	2.07	1.48	1.80
关中平原城市群	1.51	0.78	1.19
哈长城市群	2.39	1.75	1.76

资料来源：尹德挺等（2018）。

三　流动原因发生了根本性变化

我国在不同发展时期，经济因素、社会因素和文化因素对人口流动的作用存在明显差异。在 20 世纪 50 年代初期，国家实行严格的户籍制度，最初的人口流动主要为社会性流动，具体包括婚姻迁入、投靠亲属等。改革开放以来，人们为了追求更高的经济效益，人口流动以经济性流动为主。尤其是进入 21 世纪以来，流动人口中务工经商的比重在 50% 以上（段成荣等，2012）。近几年来，我国流动人口的流动原因呈现多元化趋势，务工经商比重从 2000 年的 55.1% 下降到 2015 年的 51.9%，下降了 3.2 个百分点。同时，以随迁家属为代表，社会性流动占比不断上升，在 2000~2015 年上升了 2.5 个百分点，发展性流动占比迅速提高，因学习培训而流动的人口占比由 2000 年的 6.9% 上升至 2015 年的 14.8%（见表 2-2）。

表 2-2　2000~2015 年出于不同原因而流动的人口占比

单位：%

流动原因	2000 年	2005 年	2010 年	2015 年
务工经商	55.1	53.1	51.1	51.9
工作调动	3.2	2.6	3.5	—
分配录用	1.2	0.6	—	—
学习培训	6.9	3.7	11.2	14.8
拆迁搬家	4.0	3.3	4.6	0.6
婚姻嫁娶	5.4	7.8	5.2	4.6
随迁家属	13.1	14.3	15.4	15.6

续表

流动原因	2000 年	2005 年	2010 年	2015 年
投亲靠友	6.3	8.3	4.6	—
子女上学	—	—	—	1.9
改善住房	—	—	—	4.5
寄挂户口	—	1.4	0.4	0.3
其他	5.0	4.9	4.1	6.0

资料来源：《中国流动人口发展报告 2018》。

四 省内跨市流动人口比重上升

近年来我国人口流动以跨省流动为主。2000 年跨省流动人口的比重为
36.4%，2005 年跨省流动人口占总流动人口的比重达到 46.1%。2011 年这
一比重上升至 69.5%。但在 2011~2016 年，跨省流动人口比重整体呈下降
趋势，2016 年跨省流动人口比重为 63.5%；省内跨市流动人口比重和市内
跨县流动人口比重有所上升。省内跨市流动人口比重由 2011 年的 24.8% 上
升至 2016 年的 27.3%；市内跨县流动人口比重从 2011 年 5.7% 上升至
2016 年的 9.2%（见图 2-3）。

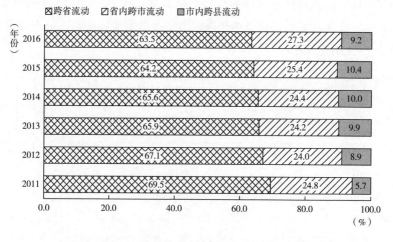

图 2-3 2011~2016 年不同类型流动人口比重

资料来源：《中国流动人口发展报告 2017》。

第二节　东北地区人口迁移历史与现状

东北地区是我国重要的老工业基地，有"中国的主粮仓和工业摇篮"之称，是近五十年来以自然资源采掘和资源初级加工为主的典型的外延型经济发展地区。随着我国经济体制改革的不断深入，东北地区的经济地位持续下降，根据国家统计局公布的 2015 年各省实际 GDP 增长率，东北三省排名靠后。2018 年东北三省 GDP 增速有所上升，但均低于全国平均水平，其中吉林省以增速 4.5% 位列倒数第二。

近年来，我国东北地区的发展问题引起了广泛关注，《经济学人》在 2015 年 1 月以"重回冰封"为题，审视中国东北三省在经济发展转型中所面临的问题，文章认为严峻的人口形势是经济失速的重要原因。近十年来，东北地区累计流出 100 多万人口，其中高层次人才、管理层人才和生产线骨干占多数，东北地区的人力资本大量流失。但是，人口与经济的关系并不是简单的因果关系，不能说人口流失就是经济发展缓慢的决定性因素。经济增速放缓受到产业结构、人力资本、技术、制度等多方面的影响，人口仅仅是众多影响因素中的一个，把经济失速简单地归咎于人口流失是不科学的和不可取的。本章余下部分将通过分析东北三省流出人口数据，进一步对流动人口对社会经济发展的影响进行分析。

从表 2-3 中可以看出，东北地区人口净流出趋势明显，由 1990 年"四普"的 10.9 万人增长到 2010 年的 219.1 万人。辽宁省是东北地区人口净流入地区，在 1990 年，净流入人口为 24.5 万人，到 2010 年增长到 77.3 万人。这可能是因为辽宁省区位优势明显，自然条件较好，所以主要吸纳了吉林省和黑龙江省的流出人口。吉林省和黑龙江省人口流出规模迅速扩大，其中吉林省净流出人数从 1990 年的 9.2 万人扩大到 2010 年的 91.6 万人。黑龙江省曾经是东北三省中人口净流入最多的省份，现在成为净流出人数最多的省份，从 1990 年的 26.2 万人扩大到 2010 年的 204.7 万人。2000~2010 年，东北地区净流出人口增长了约 4.4 倍。由此可见东北地区人口流出规模不断扩大，且人口流出地主要为吉林省和黑龙江省，辽宁省保持着人口净流入态势。

表 2-3 东北地区人口净流出状况

单位：万人

省份	1990 年	2000 年	2010 年
辽宁	-24.5	-68.3	-77.3
吉林	9.2	30.0	91.6
黑龙江	26.2	78.7	204.7
东北地区	10.9	40.4	219.1

资料来源：根据 1990 年、2000 年、2010 年第四、第五、第六次全国人口普查数据整理而来。

第三节 东北地区流出人口对社会经济发展的影响

一 东北地区人口外流对人口结构与边境安全的影响

（一）对人口结构的影响

人口结构包括年龄结构和性别结构。影响一个地区人口结构的因素主要有两个，一是人口自然变动，即人口的出生和死亡；二是人口的机械变动，即人口在空间范围内的流动。东北地区的人口增长速度缓慢，那么对东北地区人口结构影响最大的因素就是人口的流动。流出人口对人口结构最直接的影响是造成当地年龄结构的扭曲，加剧人口老龄化程度。

从流动人口的年龄结构上看，这些流出人口以 25~45 岁的劳动年龄人口为主，劳动年龄人口的锐减，在某种程度上加剧了人口老龄化的趋势。由表 2-4 可知，从 2000 年到 2010 年，东北地区城市和农村 65 岁及以上人口比重均大幅增长，且城市的老年抚养比增幅大于农村。城镇人口老龄化速度快，形势日趋严峻。从分城市、镇、农村的人口老龄化水平来看，吉林省城市和镇的 65 岁及以上人口比重增长幅度均高于全国平均水平，农村则略低，说明吉林省城镇的人口老龄化速度较快。

根据上文分析，流动人口以农村人口为主，从流向看，吉林省流出人口中，跨省流出人口占 37.8%，其中仅流向东部发达的地区的人口就占到 16.4%。东北地区人口外流的主要经济因素是务工经商。而省内人口流动以省内跨市流动为主，多为农村流向城市。省内人口流动一方面带来城市化进程的加快，另一方面，也加快了农村的人口老龄化进程，其影响机制见图2-4。随着城镇化进程的加快，城市较好的就业机会和高收入吸引农村青壮年劳动力向城镇转移，农村老年人口比重提高；同时，医疗卫生水平的提高，使老年人的死亡率降低，预期寿命延长，两方面因素共同作用导致农村人口老龄化加重。

表 2-4　东北地区 2000 年和 2010 年老年人口比重及抚养比情况

单位:%

指标	2000 年			2010 年		
	城市	镇	农村	城市	镇	农村
65 岁及以上人口比重	6.31	5.88	5.91	9.05	8.64	7.77
老年抚养比	8.11	7.78	8.10	11.18	10.86	9.88

资料来源：根据第五次和第六次全国人口普查数据整理所得。

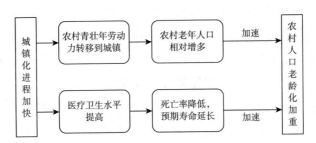

图 2-4　人口流动对农村人口老龄化的影响机制

另外，东北地区流出人口的性别比明显高出常住人口性别比，人口外流也造成当地的性别结构失衡。

（二）对边境安全的影响

边境地区人口迁移问题，一直以来受到国家和地方政府以及学术界的高度关注。东北三省均为边境省份，特别是黑龙江省和吉林省，陆地边境城市多，对地区发展具有重要影响。吉林省少数民族聚居的地区主

要有 10 个，分布在通化、白山和延边朝鲜族自治州（以下简称延边）3
个地市（州）①，而延边的边境城市主要分布在图们、珲春、龙井、和
龙。20 世纪 90 年代以来，全州边境乡镇人口数量不断减少，不仅人口
自然率下降，而且人口外流问题突出。2000 年，边境乡镇人口增长率约
为-10%，其中，龙井与和龙的人口增长率为-15% 左右，图们和珲春则
接近-11%。另有关研究显示，1990~2008 年，全州边境乡镇人口减少
4.7 万人。边境地区人口的持续外流，不仅使人口规模进一步下降，而
且使延边地区一些边境村空心化问题日益突出，特别是朝鲜族村，常住
人口与户籍人口的比重不足 50%，个别村落该比重仅为 16% 左右。更为
严重的是龙井市白金乡，2007 年常住人口仅为 1310 人，与其人口最多
时相比，人口流失率达 83%。

边境地区人口外流不仅使延边整体人口规模有所下降，而且给当地带
来劳动力严重短缺、人口老龄化程度高等问题，进而使延边地区经济安全
与社会发展面临严峻挑战。

一方面，随着边境地区人口的外流，部分农村地区形成"空心化"的
人口结构，给边境地区带来人口安全隐患。例如，延边边境乡镇中相当一
部分村成为空心村，甚至一些边境屯仅有几户家庭，而以老年与儿童为主
的人口结构，使当地应对突发事件的能力较弱，增加了边境地区安全管控
的难度，跨境盗窃、杀人等犯罪案件时有发生。另一方面，国家高度重视
边境安全问题，自 20 世纪 90 年代以来陆续开放边境口岸，实施多项开发
开放战略与政策，拟通过促进边境地区经济发展来加强边境安全，然而，
人口外流使政策效果大打折扣。以珲春市为例，在当地投资的项目，可享
受西部大开发、东北老工业基地振兴、扶持边疆少数民族发展等国家、
省、州赋予的相关优惠政策；落户珲春边境经济合作区、出口加工区、互
市贸易区的企业，还分别享受国家级边境经济合作区、出口加工区、边境
互市贸易区等相关优惠政策。但是，劳动力不足的问题制约着珲春经济的
发展，这也在一定程度上影响了政策的实施效果。

---

① 资料来源于中国政府网站，http://www.gov.cn/test/2006-07/14/content_ 335831.htm。

二　东北地区人口外流对社会经济发展的影响

(一) 改变消费模式

人口外流会加快老龄化进程，进而导致当前的消费需求与既有市场供给不匹配。老龄人口虽然有更高的消费倾向，但是他们通常不会在餐饮、交通、房地产等方面投入过多，而是更多地投向养老领域。而当前东北地区老年消费市场仍处于初级发展阶段，老年商品专门店少、专供老年人休闲娱乐的文化场所也十分有限，远不能满足老年人口的消费需求。此外，老年人口对康复机构的需求非常大，但东北地区在这方面的建设远远不能满足老年人的需求，这也进一步导致东北地区消费增长缓慢。

(二) 影响房地产投资和储蓄的增长

一方面，人口外流影响房地产投资。根据第六次全国人口普查数据，东北三省36个地市 (州、区) 中，常住人口与户籍人口比小于1的有15个。人口大量外流严重影响了东北地区的房地产市场。2014年商品房销售面积下降33.9%，房地产开发投资增速降至 -17.7%，除东北地区外全国增速最慢的西部地区为12.8%，增速相差30多个百分点。此外，2003年以来，高投资率是拉动东北地区经济增长的核心要素，而对房地产的投资又是总投资的重中之重。随着人口外流问题日益严重，大量商品房出现供应过剩问题。

另一方面，人口外流也会对储蓄率产生影响。与年轻人口相比，老年人口具有更高的边际消费倾向。这也就意味着，随着老龄化程度的加剧，东北地区的储蓄率会随之下降。杨白冰 (2018) 以城乡储蓄/GDP来粗略测算储蓄率，发现随着人口的外流，东北地区的储蓄率经历了大幅下降，黑龙江省、吉林省、辽宁省的储蓄率由高于全国平均水平跌落至平均水平之下，特别是吉林省与辽宁省，储蓄率下降显著。虽然自2011年以来东北地区储蓄率缓慢回升，但仍低于全国平均水平。在经历了东北特钢违约、辽宁贿选案等一系列事件后，东北地区对外省投资的吸引力日趋下降，而储蓄率下降意味着东北内部的资金也日益匮乏。这些因素交织在一起，导致东北地区的投资后劲不足，对东北地区经济发展来说无异于雪上加霜。

（三）高学历人才流失阻碍产业结构升级

根据 2016 年 4 月中央印发的《中共中央国务院关于全面振兴东北地区等老工业基地的若干意见》，新一轮东北振兴战略的重点在于全面推进经济结构优化升级，其中，构建战略性新兴产业、发展现代服务业是核心。而当前东北大量高素质人才外流使地区产业结构升级缺少人才支撑。

产业结构升级的过程是一系列基本生产要素组合方式不断由低级向高级演进的过程。其中，劳动力起关键作用。当工业化发展到一定阶段后，产业结构的每一次升级都要求劳动力相应升级，具体体现为复杂劳动取代简单劳动、技术型和智力型劳动者取代体力劳动者。而当前东北地区大量拥有技术和管理才能的劳动力流失严重，导致劳动力升级受阻，产业结构升级更无从谈起。可以说，大量流失的技术人才与管理人才对东北地区亟待实现的产业结构升级影响巨大。

（四）教育等基本公共服务运营面临两难困境

从经济学角度来说，以城乡规模与人口规模为基础进行公共服务资源的优化配置，有利于基本公共服务有效运营。实际上，随着城镇化的推进，城市人口增长导致人均公共服务资源减少，逐步提高城市公共服务水平需要强大的地方财力支持。同时，农村人口的持续外流导致大量"空心村"的出现，维持均等化的基本公共服务，不仅需要进一步加大地方财政的支出，而且较小的人口规模可能导致农村地区的基本公共服务难以正常运营，从而带来沉重的财政负担和巨大的资源浪费。以实施九年义务教育为例，加大对农村学校教学设备等基础设施的投入和师资力量的引进，需要投入较高的成本，将给财政带来较大负担；而如果因生源不足而合并学校，甚至关闭学校，又将使部分学生面临上学难的问题。例如，延边边境乡镇就存在一年级小学生上寄宿学校的现象，这加重了当地农民的负担；全州朝鲜族学校仅在 20 世纪 90 年代就减少接近一半，其中，龙井市三合镇曾经每个行政村有一所小学，但随着人口的外流，该镇目前只余一所九年一贯式联合学校，全校仅有 270 名学生，边境地区教育质量提升面临困境。

第三章
吉林省流出人口现状分析

第一节　吉林省流出人口规模变化

2010 年第六次全国人口普查数据显示，我国 31 个省、自治区、直辖市的人口中，居住地与户口登记地所在的乡镇街道不一致且离开户口登记地半年以上的人口为 261386075 人，其中市辖区内人户分离的人口为 39959423 人，不包括市辖区内人户分离的人口为 221426652 人。同 2000 年第五次全国人口普查相比，居住地与户口登记地所在的乡镇街道不一致且离开户口登记地半年以上的人口增加 116995327 人，增长 81.03%。根据第五次全国人口普查结果，现居住地不在吉林省而户口登记地在吉林省的人数为 361559 人。根据第六次全国人口普查结果，现居住地不在吉林省而户口登记地在吉林省的人数为 125651 人，同第五次全国人口普查相比下降了 65.2%。

第二节　吉林省流出人口的主要特征

据图 3-1 可知，流出人口中有 62.8% 的人是在吉林省内流动，15.7% 流入黑龙江省和辽宁省，16.4% 流入东部地区，2.4% 流入到中部地区，2.8% 流入西部地区。

一　性别比超出常住人口

根据《吉林省 2015 年国民经济和社会发展统计公报》，吉林省常住人

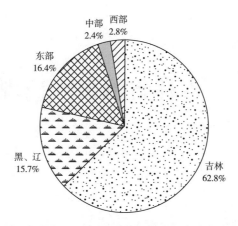

图 3-1 吉林省流出人口的分布

口性别比为 101.8，而吉林省流出人口中男性所占比重为 51.7%，女性所占比重为 48.3%，性别比约为 107.04，明显高于常住人口的性别比。在吉林省内流动的人口中，有 51.2% 的人是男性，48.8% 的人是女性；流向黑龙江省和辽宁省的人口中，男性占 52.7%，女性占 47.3%；流向东部地区的人口中，男性占 50.2%，女性占 49.8%；流向中部地区的人口中，男性占 58.9%，女性占 41.1%；流向西部地区的人口中，男性占 61.7%，女性占 38.3%（见表 3-1）。

表 3-1 吉林省不同流向流出人口的性别差异

单位:%

性别	流入地区					合计
	吉林	黑、辽	东部	中部	西部	
男	51.2	52.7	50.2	58.9	61.7	51.7
女	48.8	47.3	49.8	41.1	38.3	48.3
合计	100	100	100	100	100	100

二 年龄结构呈倒"U"形分布

从吉林省流出人口的年龄分布来看，25~30 岁人口所占比重最高，为 19.8%，15~20 岁、60~65 岁人口和 65 岁及以上人口所占比重较低，分别为 2.1%、2.5% 和 2.7%，年龄结构呈现典型的倒 "U" 形（见图 3-2）。从不同流向来看，在省内流动的人口中，15～25 岁的人口占了 10.0%，25～50 岁的人口占了 73.2%，50 岁及以上的人口占了 16.8%；流向黑龙江省和辽宁省的人口中，15～25 岁的人口占了 9.6%，25～50 岁的人口占了 67.8%，50 岁及以上的人口占了 22.7%；流向东部地区的人口中，15～25 岁的人口占了 11.5%，25～50 岁的人口占了 78.4%，50 岁及以上的人口占了 10.0%；流向中部地区的人口中，15～25 岁的人口占了 12.5%，25～50 岁的人口占了 76.7%，50 岁及以上的人口占了 10.8%；流向西部地区的人口中，15～25 岁的人口占了 7.1%，25～50 岁的人口占了 73.4%，50 岁及以上的人口占了 19.6%（见表 3-2）。

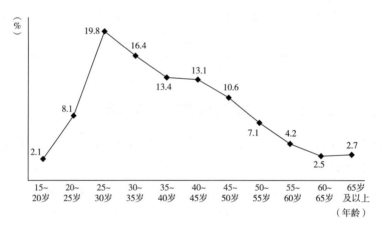

图 3-2 吉林省流出人口的年龄结构

表 3-2 吉林省不同流向流出人口的年龄差异

单位:%

年龄	流入地区					合计
	吉林	黑、辽	东部	中部	西部	
15～20 岁	2.0	1.4	2.6	5.4	0.8	2.1
20～25 岁	8.0	8.2	8.9	7.1	6.3	8.1
25～30 岁	20.5	17.6	19.2	22.3	19.5	19.8

续表

年龄	流入地区					合计
	吉林	黑、辽	东部	中部	西部	
30~35 岁	15.9	12.6	21.9	19.6	14.1	16.4
35~40 岁	12.9	12.1	16.8	10.7	14.8	13.4
40~45 岁	13.1	14.3	11.7	13.4	13.3	13.1
45~50 岁	10.8	11.2	8.8	10.7	11.7	10.6
50~55 岁	7.6	8.8	3.7	6.3	7.8	7.1
55~60 岁	4.5	6.2	2.0	1.8	1.6	4.2
60~65 岁	1.9	5.1	2.2	0.9	5.5	2.5
65 岁及以上	2.8	2.6	2.1	1.8	4.7	2.7
合计	100	100	100	100	100	100

三 高学历流出人口流向经济较发达地区

由表 3-3 可知，吉林省流出人口中具有小学及以下受教育程度的人口占流出人口的比重为 10.4%，初中水平的占 51.7%，高中或中专水平的占 22.0%，大学专科及以上水平的占 16.0%，这说明吉林省流出人口主要处于中等教育水平，接受初中和高中或中专教育的人口的比重较高。从不同流向的流出人口的受教育程度来看，在省内流动的人口中，小学及小学以下学历的人口占 8.8%，初中学历的人口比重为 55.3%，高中或中专的比重为 22.3%，大专及以上学历的比重为 13.6%；流向黑龙江省和辽宁省的人口中，具有小学及小学以下学历的人口占 18.7%，初中学历占 54.6%，高中或中专的比重为 17.6%，大专及以上学历的比重为 9.1%；流向东部地区的人口中，小学及小学以下学历的人口占 8.9%，初中学历的占 37.2%，高中或中专学历的占 24.4%，大专及以上学历的比重为 29.5%；流向中部地区的人口中，具有小学及小学以下学历的占 10.7%，初中学历的占 50.0%，高中或中专的比重为 17.0%，大专及以上学历的占 22.3%；流向西部的人口中，小学及小学以下学历的人口占

6.3%，初中学历的占38.3%，高中或中专的占28.1%，大专及以上学历的占27.4%。

表3-3　吉林省不同流向流出人口的受教育程度

单位:%

受教育程度	流入地区					合计
	吉林	黑、辽	东部	中部	西部	
未上过学	0.4	1.8	0.4	0.9	0.8	0.7
小学	8.4	16.9	8.5	9.8	5.5	9.7
初中	55.3	54.6	37.2	50.0	38.3	51.7
高中/中专	22.3	17.6	24.4	17.0	28.1	22.0
大学专科	8.2	5.2	13.8	8.0	14.1	8.8
大学本科	5.2	3.8	14.1	13.4	13.3	6.8
研究生	0.2	0.1	1.6	0.9	—	0.4
合计	100	100	100	100	100	100

四　流出人口中在婚人口比重较大

如表3-4所示，吉林省流出人口中，未婚人口比重为20.5%，初婚人口比重为72.5%，而再婚、离婚和丧偶的人口共占了7.0%，可以看出吉林省流出人口中初婚人口较多。初婚和再婚的人口之和占流出人口的近3/4。省内流动的人口中，未婚人口占19.4%，初婚人口占73.7%，再婚、离婚及丧偶的人口占6.9%；流向黑龙江省及辽宁省的人口中，未婚人口占21.9%，初婚人口占69.3%，再婚、离婚及丧偶的人口占8.8%；流向东部地区的人口中，未婚人口占24.2%，初婚人口占69.6%，再婚、离婚及丧偶的人口占6.1%；流向中部地区的人口中，未婚人口占18.8%，初婚人口占77.7%，再婚、离婚及丧偶的人口占3.6%；流向西部地区的人口中，未婚人口占18.0%，初婚人口占75.0%，再婚、离婚及丧偶的人口占7.0%。

表 3-4　吉林省不同流向流出人口的婚姻状况

单位:%

婚姻状况	流入地区					合计
	吉林	黑、辽	东部	中部	西部	
未婚	19.4	21.9	24.2	18.8	18.0	20.5
初婚	73.7	69.3	69.6	77.7	75.0	72.5
再婚	2.0	2.9	1.8	1.8	2.3	2.1
离婚	3.7	4.4	3.5	0.9	3.1	3.7
丧偶	1.2	1.5	0.8	0.9	1.6	1.2
合计	100	100	100	100	100	100

五　流出人口以农村人口为主

吉林省流出人口中农业户口的人口占 73.1%,非农业户口的人口占 26.9%,农业户口的比重远高于非农业户口(见表 3-5)。从不同流向流出人口的户口类型来看,在省内流动的人口中,农业户口的占 76.6%,非农业户口的占 23.4%;流向黑龙江及辽宁省的人口中,农业户口的比重为 79.3%,非农业户口的比重为 20.7%;流向东部地区的人口中,农业户口占 58.1%,非农业户口占 41.9%;流向中部地区的人口中,农业户口占 64.3%,非农业户口占 35.7%;流向西部地区的人口中,农业户口占 53.9%,非农业户口占 46.1%。

表 3-5　吉林省不同流向流出人口的户口类型

单位:%

户口类型	流入地区					合计
	吉林	黑、辽	东部	中部	西部	
农业	76.6	79.3	58.1	64.3	53.9	73.1
非农业	23.4	20.7	41.9	35.7	46.1	26.9
合计	100	100	100	100	100	100

六 经济原因仍是流出人口的主要原因

从流动原因来看，吉林省流出人口中务工经商的人口占比为79.2%，家属随迁的占14.3%，而其他原因占6.5%（见表3-6）。由此可知，流出人口中大部分人的流动原因是经济原因，即务工经商。从不同流向的角度来看，吉林省内流动的人口中，流动原因是务工经商的占77.1%，家属随迁的占15.7%，其他原因占7.2%；流向黑龙江及辽宁省的人口中，流动原因是务工经商的占81.3%，家属随迁的占14.4%，其他原因占4.3%；流向东部地区的人口中，流动原因是务工经商的占84.9%，家属随迁的占9.5%，其他原因占5.7%；流向中部地区的人口中，流动原因是务工经商的占76.8%，家属随迁的占20.5%，其他原因占2.7%；流向西部地区的人口中，流动原因是务工经商的占82.0%，是家属随迁的占7.1%，其他原因的占10.9%。这说明不论流出人口去往何地，吉林省流出人口的流动原因仍以务工经商为主。

表3-6 吉林省不同流向流出人口的流动原因

单位：%

流动原因	流入地区					合计
	吉林	黑、辽	东部	中部	西部	
务工经商	77.1	81.3	84.9	76.8	82.0	79.2
家属随迁	15.7	14.4	9.5	20.5	7.1	14.3
其他原因	7.2	4.3	5.7	2.7	10.9	6.5

第四章

吉林省流出人口就业状况分析[①]

第一节　就业状态

一　不同就业状态流出人口的性别差异

如表 4-1 所示，男性占流出人口的 51.7%，女性占流出人口的 48.3%，并且在就业人口中，男性流出人口所占比重远高于女性流出人口，而失业人口（本研究中的失业人口既包括失业人口也包括不愿意就业的人口）中，女性失业人口占所有失业人口的比重是男性失业人口比重的 2 倍多，这说明吉林省流出人口中男性就业比重较高。

表 4-1　吉林省流出人口就业状态（分性别）

单位:%

性别	就业状态		合计
	就业	失业	
男	57.7	33.0	51.7
女	42.3	67.0	48.3

二　不同就业状态流出人口的年龄差异

由图 4-1 可知，在就业人口中，25~30 岁和 30~35 岁流出人口所占比

---

① 本章所用数据为 2013 年流动人口动态监测数据。

重较高,分别为 20.8% 和 18.6%;25 岁以下和 50 岁及以上的流出人口占比较低。在失业人口中,25~30 岁流出人口所占比重(17.0%)明显高于 30~35 岁流出人口的比重(9.5%)。

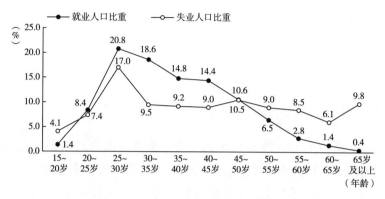

图 4-1 吉林省各年龄段流出人口就业状态

三 不同就业状态流出人口的受教育程度

由表 4-2 可知,受教育程度为初中的流出人口占流出人口的比重为 51.7%,占就业人口的比重为 51.8%。受教育程度为高中或中专的人口的比重为 22.0%,占就业人口的 22.3%。总体而言,流出人口的受教育程度主要为初中。

表 4-2 吉林省流出人口就业状态(分受教育程度)

单位:%

受教育程度	就业状态		合计
	就业	失业	
未上过学	0.4	1.6	0.7
小学	8.1	14.7	9.7
初中	51.8	51.3	51.7
高中/中专	22.3	20.9	22.0
大学专科	9.6	6.3	8.8

续表

受教育程度	就业状态		合计
	就业	失业	
大学本科	7.4	5.2	6.8
研究生	0.4	—	0.4
合计	100	100	100

四 不同就业状态流出人口的婚姻状态

由表4-3可知，吉林省流出人口中，婚姻状态为初婚的人员占据主流，比重为72.5%，占就业人员的70.9%；未婚人员比重为20.5%，占就业人口的22.5%；再婚人员比重为2.1%，占就业人口的1.8%；离婚人员比重为3.7%，占就业人口的4.2%；丧偶人员比重为1.2%，占就业人口的0.6%。

表4-3 吉林省流出人口就业状态（分婚姻状况）

单位：%

婚姻状况	就业状态		合计
	就业	失业	
未婚	22.5	14.4	20.5
初婚	70.9	77.4	72.5
再婚	1.8	2.8	2.1
离婚	4.2	2.2	3.7
丧偶	0.6	3.1	1.2

五 不同就业状态流出人口的户口类型

由表4-4可知，农业户口人员占流出人口的比重为73.1%，占就业人口的比重为73.8%，就业率相对非农业户口的流出人口高。

表4-4 吉林省流出人口就业状态（分户口类型）

单位：%

户口类型	就业状态		合计
	就业	失业	
农业	73.8	70.9	73.1
非农业	26.2	29.1	26.9

六 不同就业状态流出人口的流动原因

由表4-5可知，因务工经商而流出的人员占流出人口的比重最高，为79.2%，其就业率也最高，为91.7%。因随迁而流出的人口的比重为14.3%，占就业人口的比重为6.0%，就业率偏低。

表4-5 吉林省流出人口就业状态（分流动原因）

单位：%

流动原因	就业状态		合计
	就业	失业	
务工经商	91.7	40.0	79.2
家属随迁	6.0	40.7	14.3
其他原因	2.4	19.3	6.5

七 不同就业状态流出人口的建档情况

由表4-6可知，未建居民健康档案人员为流出人口的主流，其比重为70.8%，与其所占就业人口的比重基本一致（70.9%）。

表4-6 吉林省流出人口就业状态（分是否建立居民健康档案）

单位：%

居民健康档案	就业状态		合计
	就业	失业	
已建	29.1	29.8	29.2
未建	70.9	70.2	70.8

八　不同就业状态流出人口的流动时长

由表4-7可知，流动时长为0~2年的人员所占比重为28.5%，占就业人员的比重为30.1%；流动时长为2~6年的人员占流出人口的比重为41.5%，占就业人口的比重为40.3%。

表4-7　吉林省流出人口流动时长与就业状态

单位:%

流动时长	就业状态		合计
	就业	失业	
0~2年	30.1	23.5	28.5
2~6年	40.3	45.0	41.5
6~10年	16.6	14.4	16.1
10年及以上	13.0	17.1	14.0

第二节　就业主要职业

一　不同职业流出人口的性别分布

由表4-8可知，专业技术人员、生产运输人员、无固定职业者中，男性占比较高，分别为68.7%、74.9%、70.3%。管理者及办事员、商业服务业人员中，男女占比相近。

表4-8　吉林省流出人口职业选择（分性别）

单位:%

性别	主要职业					合计
	管理者及办事员	专业技术人员	商业服务业人员	生产运输人员	无固定职业者	
男	50.0	68.7	50.3	74.9	70.3	57.7
女	50.0	31.3	49.7	25.1	29.7	42.3

二　不同职业流出人口的年龄分布

由表 4-9 可知，25~30 岁流出人口在管理者及办事员中的占比为 34.0%，在专业技术人员中的占比为 29.2%，在商业服务业人员中的占比为 21.1%，在生产运输人员中的占比为 16.8%。而在无固定职业者中，40~45 岁人口占比最高，为 20.0%。

表 4-9　吉林省流出人口职业选择（分年龄）

单位:%

年龄	主要职业					合计
	管理者及办事员	专业技术人员	商业服务业人员	生产运输人员	无固定职业者	
15~20 岁	0.9	1.1	1.6	1.2	0.7	1.4
20~25 岁	5.7	10.7	9.3	5.7	4.1	8.4
25~30 岁	34.0	29.2	21.1	16.2	13.1	20.8
30~35 岁	19.8	26.3	18.4	16.8	14.5	18.6
35~40 岁	10.4	15.3	15.2	14.7	11.0	14.8
40~45 岁	12.3	9.3	14.2	16.1	20.0	14.4
45~50 岁	10.4	3.9	9.7	14.5	17.2	10.6
50~55 岁	3.8	2.1	6.0	9.8	9.0	6.5
55~60 岁	0.9	1.4	2.7	3.5	5.5	2.8
60~65 岁	0.9	0.7	1.4	1.1	4.1	1.4
65 岁及以上	0.9	—	0.4	0.3	0.7	0.4
合计	100	100	100	100	100	100

三　不同职业流出人口的受教育程度

由表 4-10 可知，管理者及办事员和专业技术人员中拥有大学本科学历的流出人口占比较高，分别为 34.9% 和 29.2%，商业服务人员中 54.3% 为初中学历，60.2% 的生产运输人员为初中学历，51.0% 的无固定职业者为初中学历。

表 4-10 吉林省流出人口受教育程度与职业选择

单位:%

受教育程度	主要职业					合计
	管理者及办事员	专业技术人员	商业服务业人员	生产运输人员	无固定职业者	
未上过学	—	—	0.4	0.5	—	0.4
小学	0.9	3.2	6.5	14.9	14.5	8.1
初中	10.4	25.6	54.3	60.2	51.0	51.8
高中/中专	22.6	16.0	25.3	16.1	19.3	22.3
大学专科	28.3	23.1	8.4	5.5	8.3	9.6
大学本科	34.9	29.2	5.0	2.6	6.2	7.4
研究生	2.8	2.8	0.2	0.3	0.7	0.5

四 不同职业流出人口的婚姻状况

由表 4-11 可知,在管理者及办事员中,未婚群体占比为 26.4%,初婚群体占比为 67.0%,再婚群体占比为 1.9%,离婚群体占比为 4.7%。在专业技术人员、商业服务人员、生产运输人员以及无固定职业者中,初婚群体所占比重均最高,且均超过 50%。

表 4-11 吉林省流出人口婚姻状况与职业选择

单位:%

婚姻状况	主要职业					合计
	管理者及办事员	专业技术人员	商业服务业人员	生产运输人员	无固定职业者	
未婚	26.4	37.7	23.0	16.6	11.0	22.5
初婚	67.0	58.0	69.9	77.2	83.4	70.9
再婚	1.9	1.8	1.8	2.5	—	1.8
离婚	4.7	2.5	4.5	3.4	5.5	4.2
丧偶	—	—	0.8	0.3	—	0.6
合计	100	100	100	100	100	100

五 不同职业流出人口的户口类型

由表4-12可知，除管理者及办事员中非农业户口流出人口的比重高于农业户口，其余四种职业的流出人口中大部分为农业户口，比重分别为54.1%、74.9%、82.3%和76.6%。

表4-12 吉林省流出人口户口类型与职业选择

单位：%

户口类型	主要职业					合计
	管理者及办事员	专业技术人员	商业服务业人员	生产运输人员	无固定职业者	
农业	40.6	54.1	74.9	82.3	76.6	73.8
非农业	59.4	45.9	25.1	17.7	23.4	26.2
合计	100	100	100	100	100	100

六 不同职业流出人口的流动原因

由表4-13可知，五种职业的流出人口中，因务工经商而流出的人口占比均最高。其中，在管理者及办事员中，因务工经商而流出的人口占比为77.4%，在专业技术人员中，占比为90.0%，在商业服务人员中，占比为92.1%，在生产运输人员中，占比为93.2%，在无固定职业者中，占比为90.3%。

表4-13 吉林省流出人口流动原因与职业选择

单位：%

流动原因	主要职业					合计
	管理者及办事员	专业技术人员	商业服务业人员	生产运输人员	无固定职业者	
务工经商	77.4	90.0	92.1	93.2	90.3	91.7
家属随迁	10.4	5.0	6.0	5.9	4.8	6.0
其他原因	12.3	5.0	1.9	1.0	4.8	2.4
合计	100	100	100	100	100	100

七 不同职业流出人口的流动时长

由表 4-14 可知，在管理者及办事员中，流动时长为 0~2 年的人口占流出人口的比重为 32.1%；流动时长为 2~6 年的人口占比为 34.9%，流动时长为 6~10 年的人口占比为 19.8%，流动时长为 10 年及以上的人口占比为 13.2%。

在专业技术人员中，流动时长为 0~2 年的人口占流出人口的比重为 32.4%；流动时长为 2~6 年的人口占比为 43.8%，流动时长为 6~10 年的人口占比为 13.2%，流动时长为 10 年及以上的人口占比为 10.7%。

在商业服务业人员中，流动时长为 0~2 年的人口占流出人口的比重为 32.8%；流动时长为 2~6 年的人口占比为 41.5%，流动时长为 6~10 年的人口占比为 15.1%，流动时长为 10 年及以上的人口占比为 10.6%。

在生产运输人员中，流动时长为 0~2 年的人口占流出人口的比重为 22.8%；流动时长为 2~6 年的人口占比为 37.5%，流动时长为 6~10 年的人口占比为 20.5%，流动时长为 10 年及以上的人口占比为 19.2%。

在无固定职业者中，流动时长为 0~2 年的人口占流出人口的比重为 18.6%；流动时长为 2~6 年的人口占比为 33.8%，流动时长为 6~10 年的人口占比为 24.8%，流动时长为 10 年及以上的人口占比为 22.8%。

表 4-14 吉林省流出人口流动时长与职业选择

单位:%

流动时长	主要职业					合计
	管理者及办事员	专业技术人员	商业服务业人员	生产运输人员	无固定职业者	
0~2 年	32.1	32.4	32.8	22.8	18.6	30.1
2~6 年	34.9	43.8	41.5	37.5	33.8	40.3
6~10 年	19.8	13.2	15.1	20.5	24.8	16.6
10 年及以上	13.2	10.7	10.6	19.2	22.8	13.0
合计	100	100	100	100	100	100

第三节　就业所属行业

一　不同行业流出人口的性别差异

由表 4-15 可知，采矿供应业和建筑业中男性占绝大部分，分别为 82.3% 和 84.2%。农林牧渔业和制造业中男性的比重也较高，分别为 62.2% 和 64.3%。基础服务业、生产服务业和消费服务业中男性占比略高于女性，分别为 54.3%、52.2% 和 56.4%。只有公共服务业中女性占比高于男性。

表 4-15　吉林省流出人口分性别行业选择

单位:%

所属行业	性别		合计
	男	女	
农林牧渔业	62.2	37.8	100
采矿供应业	82.3	17.7	100
建筑业	84.2	15.8	100
制造业	64.3	35.7	100
基础服务业	54.3	45.7	100
生产服务业	52.2	47.8	100
消费服务业	56.4	43.6	100
公共服务业	41.7	58.3	100
合计	57.7	42.3	100

二　不同行业流出人口的受教育程度

由表 4-16 可知，从事农林牧渔业、采矿供应业、建筑业、制造业、消费服务业的流出人口中，大部分为初中学历，所占比重分别为 55.9%、58.2%、54.2%、52.8%、58.1%。公共服务业中具有大学专科学历的人数最多，占比为 32.2%。基础服务业中具有大学本科学历的人数最多，占比为 42.0%。

表4-16 吉林省流出人口受教育程度与行业选择

单位:%

所属行业	受教育程度							合计
	未上过学	小学	初中	高中/中专	大学专科	大学本科	研究生	
农林牧渔业	—	36.0	55.9	6.3	—	1.8	—	100
采矿供应业	—	12.7	58.2	11.4	10.1	7.6	—	100
建筑业	—	11.1	54.2	18.4	8.4	7.4	0.5	100
制造业	0.7	10.1	52.8	18.8	10.3	6.6	0.7	100
基础服务业		1.2	22.2	13.6	17.3	42.0	3.7	100
生产服务业	0.4	5.9	47.9	28.1	10.2	7.1	0.4	100
消费服务业	0.4	6.9	58.1	22.3	7.4	4.5	0.4	100
公共服务业	—	7.0	17.4	13.9	32.2	28.7	0.9	100
合计	0.4	8.1	51.8	22.3	9.6	7.4	0.5	100

三 不同行业流出人口的婚姻状况

由表4-17可知,有70.9%的流出人口为初婚。所有行业的流出人口中,初婚人员占比均最高。基础服务业相对于其他行业未婚人员的比重较高,为33.3%;采矿供应业相对于其他行业而言离婚人员占比较高,为10.1%。

表4-17 吉林省流出人口婚姻状况与行业选择

单位:%

所属行业	婚姻状况					合计
	未婚	初婚	再婚	离婚	丧偶	
农林牧渔业	10.8	85.6	1.8	0.9	0.9	100
采矿供应业	16.5	69.6	3.8	10.1	—	100
建筑业	14.7	81.6	2.1	1.6	—	100
制造业	25.8	69.5	1.4	3.3	—	100
基础服务业	33.3	64.2	1.2	1.2	—	100

续表

所属行业	婚姻状况					合计
	未婚	初婚	再婚	离婚	丧偶	
生产服务业	19.3	74.9	1.6	3.8	0.4	100
消费服务业	25.1	66.9	1.9	5.1	1.0	100
公共服务业	29.6	60.0	4.3	5.2	0.9	100
合计	22.5	70.9	1.8	4.2	0.6	100

四　不同行业流出人口的户口类型

由表4-18可知，从事农林牧渔业的流出人口绝大多数为农业户口，比重为91.9%。此外，建筑业、制造业、生产服务业、消费服务业中，拥有农业户口的流出人口也占多数，比重分别为77.4%、78.2%、70.4%、77.6%。而在基础服务业和公共服务业中，农业户口与非农业户口的流出人口数量基本相同。

表4-18　吉林省流出人口户口类型与行业选择

单位:%

所属行业	户口类型		合计
	农业	非农业	
农林牧渔业	91.9	8.1	100
采矿供应业	59.5	40.5	100
建筑业	77.4	22.6	100
制造业	78.2	21.8	100
基础服务业	49.4	50.6	100
生产服务业	70.4	29.6	100
消费服务业	77.6	22.4	100
公共服务业	48.7	51.3	100
合计	73.8	26.2	100

五 不同行业流出人口的流动原因

由表4-19可知，无论从事什么行业，绝大多数流出人口的流动原因为务工经商。与其他行业相比，从事公共服务业的人口因务工经商而流出的比重相对低，但仍为76.5%。与其他行业相比，从事农林牧渔业的流出人口中，随迁人员比重较高（14.4%）；从事公共服务业的流出人口中，因其他原因而流动的人口占比高（15.7%）。

表4-19 吉林省流出人口流动原因与行业选择

单位:%

所属行业	流动原因			合计
	务工经商	家属随迁	其他原因	
农林牧渔业	83.8	14.4	1.8	100
采矿供应业	93.7	5.1	1.3	100
建筑业	93.2	4.7	2.1	100
制造业	94.1	4.7	1.2	100
基础服务业	90.1	8.6	1.2	100
生产服务业	91.4	5.9	2.7	100
消费服务业	92.7	5.6	1.7	100
公共服务业	76.5	7.8	15.7	100
合计	91.7	6.0	2.4	100

第四节 就业身份

一 不同就业身份流出人口的性别差异

由表4-20可知，就业身份为自营劳动者、雇主和其他的流出人口中，男性比重较高，分别为60.9%、59.2%和68.4%。此外，不同就业身份的流出人口中，男性的比重均高于女性。

表 4-20　吉林省流出人口就业身份（分性别）

单位:%

性别	就业身份				合计
	雇员	雇主	自营劳动者	其他	
男	55.7	59.2	60.9	68.4	57.7
女	44.3	40.8	39.1	31.6	42.3
合计	100	100	100	100	100

二　不同就业身份流出人口的年龄差异

由表 4-21 所示，就业身份为雇员的流出人口主要分布在 25~30 岁年龄组，比重为 23.3%；就业身份为雇主的流出人口主要分布在 30~35 岁年龄组，比重为 27.6%；自营劳动者中以 40~45 岁人群为主，比重为 18.0%。

表 4-21　吉林省流出人口就业身份（分年龄）

单位:%

年龄	就业身份				合计
	雇员	雇主	自营劳动者	其他	
15~20 岁	2.0	0.3	0.6		1.4
20~25 岁	11.3	2.2	4.1	2.5	8.4
25~30 岁	23.3	20.1	15.3	17.7	20.8
30~35 岁	17.9	27.6	17.8	12.7	18.6
35~40 岁	13.6	16.9	16.9	12.7	14.8
40~45 岁	12.5	14.4	18.0	22.8	14.4
45~50 岁	9.5	8.8	13.2	17.7	10.6
50~55 岁	5.5	7.2	8.6	6.3	6.5
55~60 岁	2.9	1.6	3.2	2.5	2.8
60~65 岁	1.3	0.9	1.5	3.8	1.4
65 岁及以上	0.3		0.6	1.3	0.4
合计	100	100	100	100	100

三 不同就业身份流出人口的受教育程度

由表 4-22 可知，不同就业身份流出人口的受教育水平主要为初中，具体来看，雇员、雇主和自营劳动者中初中学历的人员占比分别为 47.5%、58.3% 和 60.5%。

表 4-22 吉林省流出人口受教育程度与就业身份

单位:%

受教育程度	就业身份				合计
	雇员	雇主	自营劳动者	其他	
未上过学	0.3		0.5	1.3	0.4
小学	7.2	5.3	11.0	10.1	8.1
初中	47.5	58.3	60.5	41.8	51.8
高中/中专	22.8	24.5	21.0	15.2	22.3
大学专科	11.6	7.8	4.5	17.7	9.6
大学本科	9.8	4.1	2.4	12.7	7.4
研究生	0.8	—	—	1.3	0.5
合计	100	100	100	100	100

四 不同就业身份流出人口的婚姻状况

由表 4-23 可知，不同就业身份流出人口中初婚人员占比均最高，具体来看，雇员、雇主、自营劳动者和其他人员中，初婚人员所占比重分别为 63.3%、80.9%、85.3% 和 74.7%。相对于其他就业身份，雇员中未婚的比重较高（30.0%），雇主中再婚的比重较高（2.5%）。

表 4-23 吉林省流出人口婚姻状况与就业身份

单位:%

婚姻状况	就业身份				合计
	雇员	雇主	自营劳动者	其他	
未婚	30.0	11.6	9.1	12.7	22.5

续表

婚姻状况	就业身份				合计
	雇员	雇主	自营劳动者	其他	
初婚	63.3	80.9	85.3	74.7	70.9
再婚	1.8	2.5	1.8	1.3	1.8
离婚	4.3	4.7	3.1	10.1	4.2
丧偶	0.6	0.3	0.6	1.3	0.6
合计	100	100	100	100	100

五 不同就业身份流出人口的户口类型

由表4-24可知，各种就业身份中，拥有农业户口的流出人口的比重均较高。其中，自营劳动者中农业户口流出人口所占比重最高，为79.8%。

表4-24 吉林省流出人口户口类型与就业身份

单位:%

户口类型	就业身份				合计
	雇员	雇主	自营劳动者	其他	
农业	72.2	68.7	79.8	68.4	73.8
非农业	27.8	31.3	20.2	31.6	26.2
合计	100	100	100	100	100

六 不同就业身份流出人口的流动时长

由表4-25可知，不同就业身份的流出人口中，流动时长为2~6年的比重最高。其中，雇员、雇主、自营劳动者和其他劳动者中，流动时长在2~6年的比重分别为39.8%、40.1%、40.7%和50.6%。

表 4-25　吉林省流出人口流动时长与就业身份

单位：%

流动时长	就业身份				合计
	雇员	雇主	自营劳动者	其他	
0~2 年	32.0	29.2	26.9	19.0	30.1
2~6 年	39.8	40.1	40.7	50.6	40.3
6~10 年	16.4	18.8	16.5	15.2	16.6
10 年及以上	11.8	11.9	16.0	15.2	13.0
合计	100	100	100	100	100

七　不同就业身份流出人口的流动原因

由表 4-26 可知，流动原因是务工经商的人口占总流出人口的 91.7%。另外，雇主和自营劳动者中，因务工经商而流出的人所占比重较高。家属随迁人员占总流出人口的 6.0%。

表 4-26　吉林省流出人口流动原因与就业身份

单位：%

流动原因	就业身份				合计
	雇员	雇主	自营劳动者	其他	
务工经商	90.2	97.5	94.2	78.5	91.7
家属随迁	7.1	1.6	4.3	10.1	6.0
其他原因	2.6	0.9	1.5	11.4	2.4
合计	100	100	100	100	100

第五节　就业单位性质

一　不同性质单位流出人口的性别差异

由表 4-27 可知，国有企业中男性流出人口的比重较高，为 67.2%；

外资企业、民营企业与集体企业、工商个体中，男性比重略高于女性，分别为56.3%、57.9%、57.5%。只有机关团体中，女性比重略高于男性，为54.3%。

表4-27 吉林省流出人口单位性质（分性别）

单位:%

性别	单位性质					合计
	机关团体	国有企业	外资企业	民营集体	工商个体	
男	45.7	67.2	56.3	57.9	57.5	57.7
女	54.3	32.8	43.8	42.1	42.5	42.3
合计	100	100	100	100	100	100

二 不同性质单位流出人口的年龄差异

由表4-28可知，机关团体、国有企业、外资企业和民营企业与集体企业中流动人口的年龄主要分布在25~30岁，比重分别为31.5%、22.1%、35.2%和22.4%。工作单位性质为工商个体的流出人口的年龄主要分布在30~35岁，占比为18.3%。

表4-28 吉林省流出人口单位性质（分年龄）

单位:%

年龄	单位性质					合计
	机关团体	国有企业	外资企业	民营集体	工商个体	
15~20岁	0.8	1.5	3.1	1.5	1.3	1.4
20~25岁	6.3	8.3	9.4	11.0	6.8	8.4
25~30岁	31.5	22.1	35.2	22.4	17.9	20.8
30~35岁	15.7	16.7	24.2	19.1	18.3	18.6
35~40岁	4.7	16.7	10.9	15.0	15.3	14.8
40~45岁	11.8	11.8	8.6	12.5	16.4	14.4
45~50岁	5.5	8.8	5.5	8.7	12.6	10.6
50~55岁	11.8	10.3	1.6	5.9	6.5	6.5

续表

年龄	单位性质					合计
	机关团体	国有企业	外资企业	民营集体	工商个体	
55~60 岁	6.3	2.0	1.6	2.6	2.9	2.8
60~65 岁	4.7	2.0	—	1.1	1.3	1.4
65 岁及以上	0.8	—	—	0.2	0.6	0.4
合计	100	100	100	100	100	100

三 不同性质单位流出人口的受教育程度

由表 4-29 可知，机关团体中，具有大学本科学历的流出人口的比重最高，为 29.1%，单位性质为国有企业、外资企业、民营企业与集体企业、工商个体的流出人口中初中学历的比重最高，分别为 37.7%、41.4%、43.6%、60.9%。总的来看，流出人口中，初中学历的人数最多，占比为 51.8%。

表 4-29 吉林省流出人口受教育程度与单位性质

单位:%

受教育程度	单位性质					合计
	机关团体	国有企业	外资企业	民营集体	工商个体	
未上过学	—	0.5	—	0.3	0.4	0.4
小学	8.7	12.3	2.3	6.8	8.9	8.1
初中	23.6	37.7	41.4	43.6	60.9	51.8
高中/中专	11.0	18.6	16.4	24.8	22.3	22.3
大学专科	25.2	12.7	18.8	14.0	4.8	9.6
大学本科	29.1	14.7	20.3	10.2	2.5	7.4
研究生	2.4	3.4	0.8	0.3	0.2	0.5
合计	100	100	100	100	100	100

四 不同性质单位流出人口的婚姻状况

在机关团体、国有企业、外资企业、民营企业与集体企业、工商个体五种单位的流出人口中，初婚人员占比均最高，分别为 61.4%、74.0%、56.3%、64.2%、76.4%（见表4-30）。

表4-30 吉林省流出人口婚姻状况与单位性质

单位:%

婚姻状况	单位性质					合计
	机关团体	国有企业	外资企业	民营集体	工商个体	
未婚	29.1	23.0	42.2	29.4	16.3	22.5
初婚	61.4	74.0	56.3	64.2	76.4	70.9
再婚	2.4	0.5	—	2.1	2.0	1.8
离婚	4.7	2.5	1.6	3.8	4.7	4.2
丧偶	2.4	—	—	0.6	0.6	0.6
合计	100	100	100	100	100	100

五 不同性质单位流出人口的户口类型

由表4-31可知，国有企业、外资企业、民营企业与集体企业、工商个体中，农业户口的流出人口占比较高，分别为63.7%、64.1%、70.7%、79.1%。而在机关团体中，非农业户口的流出人口占比较高（51.2%）。农业户口的流出人口占总流出人口的73.8%。

表4-31 吉林省流出人口户口类型与单位性质

单位:%

户口类型	单位性质					合计
	机关团体	国有企业	外资企业	民营集体	工商个体	
农业	48.8	63.7	64.1	70.7	79.1	73.8
非农业	51.2	36.3	35.9	29.3	20.9	26.2
合计	100	100	100	100	100	100

六 不同性质单位流出人口的流动时长

由表4-32可知，机关团体、国有企业、外资企业、民营企业与集体企业、工商个体中的流出人口，流动时长在 2~6 年的占比均最高，分别为 45.7%、40.7%、46.9%、38.8%、40.4%。流动时长在 2~6 年的流出人口占总流出人口的 40.3%。

表 4-32　吉林省流出人口流动时长与单位性质

单位：%

流动时长	单位性质					合计
	机关团体	国有企业	外资企业	民营集体	工商个体	
0~2 年	31.5	18.6	32.8	32.5	29.6	30.1
2~6 年	45.7	40.7	46.9	38.8	40.4	40.3
6~10 年	12.6	20.1	14.1	16.8	16.6	16.6
10 年及以上	10.2	20.6	6.3	12.0	13.4	13.0
合计	100	100	100	100	100	100

七　不同性质单位流出人口的流动原因

由表 4-33 可知，机关团体、国有企业、外资企业、民营企业与集体企业、工商个体中的流出人口，流动原因为务工经商的占比均最高，分别为 76.4%、88.7%、96.9%、91.4%、92.8%。流动原因为务工经商的流出人口占总流出人口的 91.7%。

表 4-33　吉林省流出人口流动原因与单位性质

单位：%

流动原因	单位性质					合计
	机关团体	国有企业	外资企业	民营集体	工商个体	
务工经商	76.4	88.7	96.9	91.4	92.8	91.7
家属随迁	9.4	8.8	2.3	6.6	5.3	6.0
其他原因	14.2	2.5	0.8	2.1	1.9	2.4
合计	100	100	100	100	100	100

第六节　流出人口就业状况影响因素分析

表 4-34 是各变量的赋值情况和数据描述性统计结果，全部统计分析过程均由软件 Stata14.0 完成。

表 4-34　变量赋值与数据描述性统计

变量名称	变量定义或说明	样本量	均值	标准差
就业状态	就业 =1，失业 =0	4650	0.758	0.428
主要职业	管理者及办事员 =1，专业技术人员 =2，商业服务业人员 =3，生产运输人员 =4，无固定职业者 =5	3526	3.150	0.742
单位性质	机关团体 =1，国有企业 =2，外资企业 =3，民营集体 =4，工商个体 =5	3526	4.278	1.026
就业身份	雇员 =1，雇主 =2，自营劳动者 =3，其他 =4	3526	1.683	0.936
性别	男 =1，女 =0	4650	0.517	0.500
年龄	15~20 岁 =1，20~25 岁 =2，25~30 岁 =3，30~35 岁 =4，35~40 岁 =5，40~45 岁 =6，45~50 岁 =7，50~55 岁 =8，55~60 岁 =9，60~65 岁 =10，65 岁及以上 =11	4650	5.122	2.337
婚姻状况	单身 =1，在婚 =0	4650	0.254	0.435
受教育程度	未上过学 =1，小学 =2，初中 =3，高中/中专 =4，大学专科 =5，大学本科 =6，研究生 =7	4650	3.506	1.058
户口类型	农业 =1，非农业 =0	4650	0.731	0.444
流入地区	吉林 =1，黑辽 =2，东部 =3，中部 =4，西部 =5	4650	1.666	1.012
流动时长	2 年以下 =1，2~6 年 =2，6~10 年 =3，10 年及以上 =4	4650	2.155	0.990
流动原因	务工经商 =1，家属随迁 =2，其他原因 =3	4650	1.273	0.573
居民健康档案	建立 =1，未建立 =0	4650	0.292	0.455

一　就业状态的影响因素分析

就业状态是一个二分类变量，故选择二元 logistic 回归模型进行分析，在进行回归分析前，先对因变量与自变量做简单的相关性分析。结果显示，居民健康档案和就业状态之间缺乏相关性，户口类型的 P 值略高于 5%的显著性水平（P = 0.0574）。很多研究表明，户口类型对就业影响显著，另外居民健康档案代表了政府社会政策的实施情况，因此有必要将这两个变量纳入回归模型中。

在回归过程中，受教育程度中的研究生序列被模型剔除，不影响回归结果。模型设置上，首先对人口学特征进行回归分析（模型一），之后采用逐步回归方法依次加入流动特征（模型二）和社会特征（模型三），形成三个嵌套模型。如表 4-35 所示，三个模型的 P 值均显著低于 1%的显著性水平，表明所有变量的回归系数不同时为零，回归模型有意义。

模型一中，性别、年龄对就业状态的影响在 1%的水平上显著。受教育程度变量中，大学专科和大学本科在 10%的水平上显著，婚姻状况和户口类型没有通过显著性检验。在引入流动特征和社会特征后（即模型二和模型三），模型的伪判定系数（Pseude R^2）显著增大，表明模型的拟合程度更好、解释力增强，但是添加居民健康档案变量后的模型三，解释力没有明显增强，证明居民健康档案变量对因变量变动的解释能力在统计学上意义不大，因此选择模型二为基准模型。

表 4-35　就业状态影响的回归结果

变量	模型一 Exp（B）	模型二 Exp（B）	模型三 Exp（B）
性别（女性）	3.222***	1.987***	1.985***
年龄	0.958***	0.962***	0.963***
受教育程度（未上过学）		2.104	
小学	1.648	2.612*	2.108
初中	2.038	2.603*	2.623*
高中/中专	2.021	3.359*	2.609*
大学专科	2.583*	3.044*	3.361*
大学本科	2.329*	1.153	3.040*
婚姻状况（在婚）	1.054	1.120	1.204
户口类型（非农业）	1.145	1.987***	1.121
流入地区（吉林）			
黑辽		1.491**	1.485**

变量	模型一 Exp（B）	模型二 Exp（B）	模型三 Exp（B）
东部		1.689***	1.702***
中部		0.830	0.824
西部		0.977	0.984
流动时长（2年以下）			
2~6年		0.833	0.832
6~10年		1.165	1.163
10年及以上		1.026	1.024
流动原因（务工经商）			
家属随迁		0.070***	0.070***
其他原因		0.074***	0.074***
居民健康档案（未建立）			1.081
LR chi2（n）	482.94	1468.79	1470.34
Prob>chi2	0.000	0.000	0.000
Pseudo R²	0.094	0.286	0.287
Log likelihood	-2324.964	-1832.038	-1831.264
N	4631	4631	4631

注：***、**和*分别表示在1%、5%和10%的水平上显著，下同。

　　模型二中，人口学特征方面，婚姻状况对就业的影响不显著，但户口类型显著影响就业状况并且非农业流出人口的就业概率高于农业流出人口。性别、年龄对流出人口就业状况的影响在1%的水平上显著。以女性为参照，吉林省男性流出人口的就业的风险发生比［Exp（B）］为1.987，表明男性的就业概率是女性的1.987倍；而年龄对就业的影响显著为负，年龄的Exp（B）为0.962，说明年龄每增加一岁，就业概率就会降低3.8%。受教育程度方面，以未上过学为参照，除大学本科学历的系数不显著外，其他学历的系数均在10%的水平上显著。小学、初中、高中/中专、大学专科学历流出人口的就业概率分别是未上过学的流出人口的2.612倍、2.603倍、3.359倍和3.044倍。

　　流动特征方面，吉林省的流出人口中，流向东部地区人口的就业概率是省内的1.689倍，在黑龙江省和辽宁省就业的概率也比省内高49.1%。

而中部和西部地区，相对吉林省来说就业的吸引力不强。流动时长对就业的影响不显著。流动原因方面，以务工经商为参照，家属随迁和其他原因流出的人口，就业概率相对较低。

二　单位性质影响因素分析

由于单位性质、就业身份、主要职业都是多分类变量，作为因变量，在模型选择上多元 logistic 回归模型。

以在单位性质为因变量的回归模型中，产生了以机关团体为参照的国有企业（模型一）、外资企业（模型二）、民营企业与集体企业（模型三）、工商个体（模型四）四个模型，各模型回归结果见表 4-36。

剔除原数据中未就业样本，样本量为 3526，且模型整体通过显著性检验。具体来看，在人口学特征方面，与机关团体相比，在国有企业中，流出人口的就业性别差异最大，男性是女性的 2.578 倍；在外资企业、民营企业与集体企业，男性流出人口是女性的 1.761 倍和 1.711 倍；工商个体中，流出人口就业的性别差异不显著。年龄在四个模型中均通过 1% 的显著性检验，且年龄每增加一岁，与机关团体单位相比，吉林省流出人口进入国有企业、外资企业、民营企业与集体企业和工商个体的概率均偏低。受教育程度对流动人口就业单位选择的影响不显著。在婚姻状况方面，以机关团体为参照，单身流出人口进入国有企业、工商个体的概率低于在婚流出人口。户口类型对民营企业与集体企业和工商个体中流动人口的就业状况影响显著，且相对于非农业户口流出人口，农业户口流出人口更倾向于进入这两种单位。

在流动特征方面，与进入机关团体相比，流入黑龙江省、辽宁省和东部地区的人口进入国有企业的概率比在吉林省的概率高，这一现象在外资企业中更明显。流入东部地区的人口从事工商个体的概率也比在吉林省高 1.265 倍。流动时长多数没有通过显著性检验。只有在国有企业中，流入 6~10 年和 10 年及以上的人口的就业概率，比流入 2 年以下人口的就业概率高。建立健康档案的流出人口进入国有企业的概率是未建档人口的 1.959 倍。

表 4-36 单位性质影响因素的回归结果

变量	模型一 Exp（B）	模型二 Exp（B）	模型三 Exp（B）	模型四 Exp（B）
性别（女性）	2.578***	1.761*	1.711**	1.493
年龄	0.937***	0.914***	0.946***	0.946***
受教育程度（未上过学）				
小学	0.000	0.186	0.000	0.000
初中	0.000	0.958	0.000	0.000
高中/中专	0.000	0.728	0.000	0.000
大学专科	0.000	0.307	0.000	0.000
大学本科	0.000	0.239	0.000	0.000
研究生	0.000	0.069	0.000	0.000
婚姻状况（在婚）	0.558*	0.853	0.808	0.547**
户口类型（非农业）	1.280	1.722	1.742*	1.701*
流入地区（吉林）				
黑辽	3.504***	6.550***	2.164*	1.022
东部	3.490**	16.886***	5.468***	2.265*
中部	1.821	0.643	0.790	1.097
西部	2.518	1.889	1.942	1.392
流动时长（2年以下）				
2~6年	1.575	1.291	0.954	1.046
6~10年	2.674*	1.390	1.549	1.571
10年及以上	3.726**	0.982	1.398	1.677
流动原因（务工经商）				
家属随迁	0.734	0.201*	0.585	0.422*
其他原因	0.190**	0.050**	0.155***	0.189***
健康档案（未建立）	1.959**	0.995	0.945	1.061
LR chi2（n）	819.77			
Prob>chi2	0.000			
Pseudo R^2	0.105			
N	3526			

三 就业身份影响因素分析

在就业身份的回归模型中，产生了以其他就业身份为参照的雇员（模型一）、雇主（模型二）、自营劳动者（模型三）三个模型。由表4-37可知，样本量为3526，模型整体通过显著性检验。

在人口学特征方面，与其他劳动者相比，男性流动人口成为雇员和雇主的概率要低于女性。年龄因素在三个模型均通过显著性检验。并且，每增加一岁，流动人口成为雇员、雇主、自营劳动者的概率降低4.3%、5.7%和3.6%。受教育程度没有通过显著性检验。在婚姻状况方面，单身流动人口成为雇主和自营劳动者的概率要低于在婚流动人口。在流动特征方面，相对于吉林本省而言，流入黑龙江省、辽宁省和东部地区的流动人口成为雇员的概率要高6.612倍和1.745倍。

表 4-37　就业身份影响因素的回归结果

变量	模型一 Exp（B）	模型二 Exp（B）	模型三 Exp（B）
性别（女性）	0.572*	0.568*	0.611
年龄	0.957***	0.943***	0.964**
受教育程度（未上过学）			
小学	3.287	2746752.856	2.175
初中	4.154	4757775.536	2.466
高中/中专	5.114	4808298.223	2.474
大学专科	1.714	1014885.789	0.416
大学本科	2.095	730515.305	0.317
研究生	1.363	0.421	0.000
婚姻状况（在婚）	1.163	0.461*	0.403**
户口类型（非农业）	0.974	0.576	0.994
流入地区（吉林）			
黑辽	7.612***	3.118	5.152**
东部	2.745**	1.349	1.769
中部	2.519	3.833	3.916

续表

变量	模型一 Exp（B）	模型二 Exp（B）	模型三 Exp（B）
西部	1.595	2.058	1.438
流动时长（2 年以下）			
2~6 年	0.532*	0.575	0.584
6~10 年	0.780	0.977	0.774
10 年及以上	0.590	0.754	0.766
流动原因（务工经商）			
家属随迁	0.502	0.100***	0.305**
其他原因	0.269**	0.101**	0.183***
健康档案（未建立）	0.753	0.816	0.751
LR chi2（n）	488.81		
Prob>chi2	0.000		
Pseudo R²	0.073		
N	3526		

四　主要职业的影响因素分析

在主要职业的回归模型中，产生了以无固定职业者为参照的管理者及办事员（模型一）、专业技术人员（模型二）、商业服务业人员（模型三）、生产运输人员（模型四）这四个模型。由表4-38可知，模型整体通过显著性检验。

在人口学特征方面，与无固定职业者相比，管理者及办事员、商业服务业人员中存在性别差异。以女性为参照，这两种就业身份中男性的概率更低。此外，年龄每增加一岁，流出人口从事专业技术岗位的概率显著降低5.3%，从事商业服务业的岗位的概率显著降低3.2%，从事生产运输业的概率降低2.9%。户口类型在模型一中通过了显著性检验。

在流动特征方面，与无固定职业者相比，流入黑龙江省和辽宁省的流出人口成为管理者及办事员以及从事专业技术岗位、商业服务业、生产运输业的概率分别是在吉林本省的7.176倍、7.467倍、3.529倍、9.526倍。

表 4-38　主要职业影响因素的回归结果

变量	模型一 Exp（B）	模型二 Exp（B）	模型三 Exp（B）	模型四 Exp（B）
性别（女性）	0.547*	1.321	0.456***	1.389
年龄	0.983	0.947***	0.968***	0.971**
受教育程度（未上过学）				
小学	0.124	0.365	0.000	0.000
初中	0.341	0.586	0.000	0.000
高中/中专	1.644	0.704	0.000	0.000
大学专科	3.814	1.714	0.000	0.000
大学本科	6.404	2.742	0.000	0.000
研究生	5.174	2.577	0.000	0.000
婚姻状况（在婚）	0.902	1.372	1.258	0.966
户口类型（非农业）	0.469*	0.639	0.737	1.011
流入地区（吉林）				
黑辽	7.176***	7.467***	3.529**	9.526***
东部	0.709	2.207**	0.909	2.118**
中部	0.967	2.436	1.471	1.137
西部	0.511	0.345	0.529	0.899
流动时长（2年以下）				
2~6年	0.537	0.833	0.762	0.905
6~10年	0.464	0.345**	0.412**	0.637
10年及以上	0.421	0.437*	0.349***	0.642
流动原因（务工经商）				
家属随迁	2.232	1.040	0.891	1.163
其他原因	2.111	1.056	0.517	0.297*
健康档案（未建立）	0.565	0.576*	0.676*	0.721
LR chi2（n）	1008.03			
Prob>chi2	0.000			
Pseudo R^2	0.136			
N	3526			

第五章

吉林省流出人口经济状况分析[①]

第一节 月收入水平

一 分性别月收入状况

由表5-1可知，在吉林省流出人口中，男性流出人口占比为51.7%，女性流出人口占比为48.3%。月收入在0~2000元水平的流出人口中，男性流出人口占比为39.1%，女性流出人口占比为60.9%；在2000~4000元水平，男性流出人口占比为59.2%，女性流出人口占比为40.8%；在4000~6000元水平，男性流出人口占比为69.7%，女性流出人口占比为30.3%；在6000元及以上水平，男性流出人口占比为71.1%，女性流出人口占比为28.9%。可见，男性的月收入水平明显高于女性，而且收入水平越高的人群，男性所占比重越大，只有月收入水平在0~2000元的人群中，女性占比高于男性。

表5-1 吉林省流出人口分性别月收入状况

单位:%

性别	月收入				合计
	0~2000元	2000~4000元	4000~6000元	6000元及以上	
男	39.1	59.2	69.7	71.1	51.7
女	60.9	40.8	30.3	28.9	48.3
合计	100	100	100	100	100

① 本章所用数据为2013年流动人口动态监测数据。

二 分年龄月收入状况

由表 5-2 可知，在吉林省流出人口中，15~20 岁群体占比为 2.1%，其中月收入在 0~2000 元水平的流出人口中，该群体占比为 3.2%；在 2000~4000 元水平，占比为 1.4%；在 4000~6000 元水平，占比为 0.5%；在 6000 元及以上水平，占比为 0.9%。

20~25 岁群体在吉林省流出人口中的占比为 8.1%，其中月收入在 0~2000 元水平的流出人口中，该群体占比为 8.7%；在 2000~4000 元水平，占比为 10.1%；在 4000~6000 元水平，占比为 6.4%，在 6000 元及以上水平，占比为 2.4%。

25~30 岁群体在吉林省流出人口中的占比为 19.8%，其中月收入在 0~2000 元水平的流出人口中，该群体占比为 15.7%；在 2000~4000 元水平，占比为 21.9%；在 4000~6000 元水平，占比为 23.8%；在 6000 元及以上水平，占比为 21.0%。

30~35 岁群体在吉林省流出人口中的占比为 16.4%，其中月收入在 0~2000 元水平的流出人口中，该群体占比为 13.0%；在 2000~4000 元水平，占比为 17.5%；在 4000~6000 元水平，占比为 20.8%；在 6000 元及以上水平，占比为 31.3%。

35~40 岁群体在吉林省流出人口中的占比为 13.4%，其中月收入在 0~2000 元水平的流出人口中，该群体占比为 11.4%；在 2000~4000 元水平，占比为 14.4%；在 4000~6000 元水平，占比为 17.1%；在 6000 元及以上水平，占比为 18.8%。

40~45 岁群体在吉林省流出人口中的占比为 13.1%，其中月收入在 0~2000 元水平的流出人口中，该群体占比为 14.5%；在 2000~4000 元水平，占比为 13.3%；在 4000~6000 元水平，占比为 16.1%；在 6000 元及以上水平，占比为 14.3%。

45~50 岁群体在吉林省流出人口中的占比为 10.6%，其中月收入在 0~2000 元水平的流出人口中，该群体占比为 12.5%；在 2000~4000 元水平，占比为 11.2%；在 4000~6000 元水平，占比为 8.6%；在 6000 元及以上水平，占比为 6.4%。

50~55岁群体在吉林省流出人口中的占比为7.1%，其中月收入在0~2000元水平的流出人口中，该群体占比为11.5%；在2000~4000元水平，占比为6.1%；在4000~6000元水平，占比为4.2%；在6000元及以上水平，占比为4.0%。

55~60岁群体在吉林省流出人口中的占比为4.2%，其中月收入在0~2000元水平的流出人口中，该群体占比为5.5%；在2000~4000元水平，占比为2.4%；在4000~6000元水平，占比为2.3%；在6000元及以上水平，占比为0.6%。

60~65岁群体在吉林省流出人口中的占比为2.5%，其中月收入在0~2000元水平的流出人口中，该群体占比为2.7%；在2000~4000元水平，占比为1.5%；在4000~6000元水平，占比为0.2%；在6000元及以上水平，占比为0.3%。

65岁及以上群体在吉林省流出人口中的占比为2.7%，其中月收入在0~2000元水平的流出人口中，该群体占比为1.3%；在2000~4000元水平，占比为0.2%。

可见，年龄与月收入水平的关系呈凸性，25~45岁的中青年群体收入较高，其中月收入在4000~6000元水平的流出人口中，25~30岁群体占比最高，为23.8%；月收入在6000元及以上水平的流出人口中，30~35岁群体占比最高，为31.3%。而25岁以下青年群体和45岁以上中老年群体，其收入水平均主要集中在4000元以下，其中65岁及以上群体的收入水平全部在4000元以下。

表5-2 吉林省流出人口分年龄月收入情况

单位：%

年龄	月收入				合计
	0~2000元	2000~4000元	4000~6000元	6000元及以上	
15~20岁	3.2	1.4	0.5	0.9	2.1
20~25岁	8.7	10.1	6.4	2.4	8.1
25~30岁	15.7	21.9	23.8	21.0	19.8
30~35岁	13.0	17.5	20.8	31.3	16.4
35~40岁	11.4	14.4	17.1	18.8	13.4

续表

年龄	月收入				合计
	0~2000 元	2000~4000 元	4000~6000 元	6000 元及以上	
40~45 岁	14.5	13.3	16.1	14.3	13.1
45~50 岁	12.5	11.2	8.6	6.4	10.6
50~55 岁	11.5	6.1	4.2	4.0	7.1
55~60 岁	5.5	2.4	2.3	0.6	4.2
60~65 岁	2.7	1.5	0.2	0.3	2.5
65 岁及以上	1.3	0.2	—	—	2.7
合计	100	100	100	100	100

三 分受教育程度月收入状况

由表 5-3 可知，在吉林省流出人口中，未上过学的群体占比为 0.7%，其中月收入在 0~2000 元水平的流出人口中，该群体占比为 0.7%；在 2000~4000 元水平，该群体占比为 0.5%。

受教育程度为小学的群体在吉林省流出人口中的占比为 9.7%，其中月收入在 0~2000 元水平的流出人口中，该群体占比为 14.3%；在 2000~4000 元水平，占比为 7.3%；在 4000~6000 元水平，占比为 5.5%；在 6000 元及以上水平中，占比为 3.3%。

受教育程度为初中的群体在吉林省流出人口中的占比为 51.7%，其中月收入在 0~2000 元水平的流出人口中，该群体占比为 58.7%；在 2000~4000 元水平，占比为 51.1%；在 4000~6000 元水平，占比为 51.4%；在 6000 元及以上水平中，占比为 40.7%。

受教育程度为高中/中专的群体在吉林省流出人口中的占比为 22.0%，其中月收入在 0~2000 元水平的流出人口中，该群体占比为 18.7%；在 2000~4000 元水平，占比为 25.1%；在 4000~6000 元水平，占比为 20.9%；在 6000 元及以上水平中，占比为 17.3%。

受教育程度为大学专科的群体在吉林省流出人口中的占比为 8.8%，其中月收入在 0~2000 元水平的流出人口中，该群体占比为 4.0%；在 2000~4000 元水平，占比为 9.5%；在 4000~6000 元水平，占比为 12.7%；

在 6000 元及以上水平中，占比为 14.9%。

受教育程度为大学本科的群体在吉林省流出人口中的占比为 6.8%，其中月收入在 0~2000 元水平的流出人口中，该群体占比为 3.6%；在 2000~4000 元水平，占比为 6.1%；在 4000~6000 元水平，占比为 8.6%；在 6000 元及以上水平中，占比为 21.3%。

受教育程度为研究生的群体在吉林省流出人口中的占比为 0.4%，其中月收入在 2000~4000 元水平的流出人口中，该群体占比为 0.3%；在 4000~6000 元水平，占比为 0.8%；在 6000 元及以上水平中，占比为 2.4%。

可见，在吉林省的流出人口中，受教育程度为初中的群体占比最高，为 51.7%，其次是受教育程度为高中/中专的群体，占比为 22.0%。由表 5-3 可知，未上过学的群体，其月收入全部在 4000 元以下，而研究生的月收入均在 2000 元以上。

表 5-3　吉林省流出人口分受教育程度月收入情况

单位：%

受教育程度	月收入				合计
	0~2000 元	2000~4000 元	4000~6000 元	6000 元及以上	
未上过学	0.7	0.5	—	—	0.7
小学	14.3	7.3	5.5	3.3	9.7
初中	58.7	51.1	51.4	40.7	51.7
高中/中专	18.7	25.1	20.9	17.3	22.0
大学专科	4.0	9.5	12.7	14.9	8.8
大学本科	3.6	6.1	8.6	21.3	6.8
研究生	—	0.3	0.8	2.4	0.4
合计	100	100	100	100	100

四　分婚姻状况月收入状况

由表 5-4 可知，在吉林省的流出人口中，未婚群体占比为 20.5%，其中月收入在 0~2000 元水平的流出人口中，该群体占比为 20.7%；在

2000～4000 元水平，占比为 25.7%；在 4000～6000 元水平，占比为 21.5%；在 6000 元及以上水平中，占比为 15.2%。

初婚群体在吉林省流出人口中的占比为 72.5%，其中月收入在 0～2000 元水平的流出人口中，该群体占比为 69.8%；在 2000～4000 元水平，占比为 68.3%；在 4000～6000 元水平，占比为 73.1%；在 6000 元及以上水平，占比为 79.3%。

再婚群体在吉林省流出人口中的占比为 2.1%，其中月收入在 0～2000 元水平的流出人口中，该群体占比为 3.2%；在 2000～4000 元水平，占比为 1.2%；在 4000～6000 元水平，占比为 1.7%；在 6000 元及以上水平，占比为 2.1%。

离婚群体在吉林省流出人口中的占比为 3.7%，其中月收入在 0～2000 元水平的流出人口中，该群体占比为 5.0%；在 2000～4000 元水平，占比为 4.2%；在 4000～6000 元水平，占比为 3.3%；在 6000 元及以上水平，占比为 3.0%。

处于丧偶状态的群体在吉林省流出人口中的占比为 1.2%，其中月收入在 0～2000 元水平的流出人口中，该群体占比为 1.3%；在 2000～4000 元水平，占比为 0.5%；在 4000～6000 元水平，占比为 0.3%；在 6000 元及以上水平，占比为 0.3%。

可见，在吉林省流出人口中，初婚群体占比最高，为 72.5%，而婚姻状况对收入水平的影响较小。

表 5-4　吉林省流出人口分婚姻状况月收入情况

单位:%

婚姻状况	月收入				合计
	0～2000 元	2000～4000 元	4000～6000 元	6000 元及以上	
未婚	20.7	25.7	21.5	15.2	20.5
初婚	69.8	68.3	73.1	79.3	72.5
再婚	3.2	1.2	1.7	2.1	2.1
离婚	5.0	4.2	3.3	3.0	3.7
丧偶	1.3	0.5	0.3	0.3	1.2
合计	100	100	100	100	100

五 分户口类型月收入状况

由表5-5可知，在吉林省的流出人口中，农业户口的群体占比为73.1%，其中月收入在0~2000元水平的流出人口中，该群体占比为79.3%；在2000~4000元水平，占比为76.4%；在4000~6000元水平，占比为68.1%；在6000元及以上水平，占比为56.8%。

非农业户口的群体在吉林省流出人口中的占比为26.9%，其中月收入在0~2000元水平的流出人口中，该群体占比为20.7%；在2000~4000元水平，占比为23.6%；在4000~6000元水平，占比为31.9%；在6000元及以上水平，占比为43.2%。

可见，在吉林省流出人口中，农业户口的群体占比最高，为73.1%。在户口类型与收入水平的关系方面，收入水平越高，农业户口群体所占比重越小，而非农业户口群体所占比重越大。

表 5-5　吉林省流出人口分户口类型月收入情况

单位：%

户口类型	月收入				合计
	0~2000 元	2000~4000 元	4000~6000 元	6000 元及以上	
农业	79.3	76.4	68.1	56.8	73.1
非农业	20.7	23.6	31.9	43.2	26.9
合计	100	100	100	100	100

六 分流动时长月收入状况

由表5-6可知，在吉林省流出人口中，流动时长为0~2年的群体占比为28.5%，其中月收入在0~2000元水平的流出人口中，该群体占比为27.1%；在2000~4000元水平，占比为30.7%；在4000~6000元水平，占比为32.3%；在6000元及以上水平，占比为26.7%。

流动时长为2~6年的群体在吉林省流出人口中的占比为41.5%，其中月收入在0~2000元水平的流出人口中，该群体占比为35.7%；在2000~4000元水平，占比为42.4%；在4000~6000元水平，占比为41.3%；在

6000 元及以上水平，占比为 39.5%。

　　流动时长为 6~10 年的群体在吉林省流出人口中的占比为 16.1%，其中月收入在 0~2000 元水平的流出人口中，该群体占比为 16.3%；在 2000~4000 元水平，占比为 16.0%；在 4000~6000 元水平，占比为 15.9%；在 6000 元及以上水平，占比为 20.7%。

　　流动时长为 10 年及以上的群体在吉林省流出人口中的占比为 14.0%，其中月收入在 0~2000 元水平的流出人口中，该群体占比为 20.9%；在 2000~4000 元水平，占比为 10.9%；在 4000~6000 元水平，占比为 10.5%；在 6000 元及以上水平，占比为 13.1%。

　　可见，在吉林省流出人口中，流动时长为 2~6 年的群体占比最高，为 41.5%。在流动时长与收入水平的关系方面，流动时长对收入水平的影响并不明显。

表 5-6　吉林省流出人口分流动时长月收入情况

单位:%

流动时长	月收入				合计
	0~2000 元	2000~4000 元	4000~6000 元	6000 元及以上	
0~2 年	27.1	30.7	32.3	26.7	28.5
2~6 年	35.7	42.4	41.3	39.5	41.5
6~10 年	16.3	16.0	15.9	20.7	16.1
10 年及以上	20.9	10.9	10.5	13.1	14.0
合计	100	100	100	100	100

第二节　住房支出水平

一　分性别住房支出水平

　　由表 5-7 可知，在吉林省不需要承担住房支出的流出人口中，男性占比为 51.6%，女性占比为 48.4%；在住房支出为 1~1000 元的流出人口中，男性占比为 52.2%，女性占比为 47.8%；在 1000~2000 元水平，男性占比为 49.6%，女性占比为 50.4%；在 2000~3000 元水平，男性占比为

51.4%，女性占比为 48.6%；在 3000 元及以上水平，男性占比为 59.4%，女性占比为 40.6%。可见，男性住房支出水平明显高于女性，其中住房支出在 3000 元及以上的流出人口中，男性占比最高，为 59.4%。只有住房支出在 1000~2000 元的流出人口中，女性占比高于男性。

表 5-7 吉林省流出人口分性别住房支出情况

单位:%

性别	住房支出					合计
	0	1~1000 元	1000~2000 元	2000~3000 元	3000 元及以上	
男	51.6	52.2	49.6	51.4	59.4	51.7
女	48.4	47.8	50.4	48.6	40.6	48.3
合计	100	100	100	100	100	100

二 分年龄住房支出水平

由表 5-8 可知，在吉林省不需要承担住房支出的流出人口中，15~20 岁群体占比为 2.7%；在 1~1000 元水平，占比为 2.0%；在 1000~2000 元水平，占比为 1.4%；在 2000~3000 元水平，占比为 0.6%；在 3000 元及以上水平，占比为 3.0%。

在吉林省不需要承担住房支出的流出人口中，20~25 岁群体占比为 8.2%；在住房支出为 1~1000 元的流出人口中，该群体占比为 9.4%；在 1000~2000 元水平，占比为 6.6%；在 2000~3000 元水平，占比为 2.2%；在 3000 元及以上水平，占比为 2.0%。

在吉林省不需要承担住房支出的流出人口中，25~30 岁群体占比为 17.2%；在住房支出为 1~1000 元的流出人口中，该群体占比为 19.7%；在 1000~2000 元水平，占比为 24.9%；在 2000~3000 元水平，占比为 25.7%；在 3000 元及以上水平，占比为 14.8%。

在吉林省不需要承担住房支出的流出人口中，30~35 岁群体占比为 14.0%；在住房支出为 1~1000 元的流出人口中，该群体占比为 14.1%；在 1000~2000 元水平，占比为 23.2%；在 2000~3000 元水平，占比为 27.4%；在 3000 元及以上水平，占比为 33.4%。

在吉林省不需要承担住房支出的流出人口中，35~40 岁群体占比为
11.7%；在住房支出为 1~1000 元的流出人口中，该群体占比为 13.1%；
在 1000~2000 元水平，占比为 17.4%；在 2000~3000 元水平，占比为
14.0%；在 3000 元及以上水平，占比为 15.6%。

在吉林省不需要承担住房支出的流出人口中，40~45 岁群体占比为
10.6%；在住房支出为 1~1000 元的流出人口中，该群体占比为 15.3%；
在 1000~2000 元水平，占比为 10.8%；在 2000~3000 元水平，占比为
12.3%；在 3000 元及以上水平，占比为 15.6%。

在吉林省不需要承担住房支出的流出人口中，45~50 岁群体占比为
11.2%；在住房支出为 1~1000 元的流出人口中，该群体占比为 11.6%；
在 1000~2000 元水平，占比为 7.2%；在 2000~3000 元水平，占比为
9.5%；在 3000 元及以上水平，占比为 5.0%。

在吉林省不需要承担住房支出的流出人口中，50~55 岁群体占比为
9.1%；在住房支出为 1~1000 元的流出人口中，该群体占比为 7.1%；在
1000~2000 元水平，占比为 4.4%；在 2000~3000 元水平，占比为 3.4%；
在 3000 元及以上水平，占比为 5.0%。

在吉林省不需要承担住房支出的流出人口中，55~60 岁群体占比为
6.0%；在住房支出为 1~1000 元的流出人口中，该群体占比为 4.1%；在
1000~2000 元水平，占比为 1.8%；在 2000~3000 元水平，占比为 1.7%；
在 3000 元及以上水平，占比为 2.0%。

在吉林省不需要承担住房支出的流出人口中，60~65 岁群体占比为
3.8%；在住房支出为 1~1000 元的流出人口中，该群体占比为 2.0%；在
1000~2000 元水平，占比为 1.0%；在 2000~3000 元水平，占比为 3.4%；
在 3000 元及以上水平，占比为 3.0%。

在吉林省不需要承担住房支出的流出人口中，65 岁及以上群体占比为
5.4%；在住房支出为 1~1000 元的流出人口中，该群体占比为 1.7%；在
1000~2000 元水平，占比为 1.3%。

可见，在吉林省流出人口中，年龄与住房支出水平的关系呈凸性。住
房支出水平在 2000~3000 元和 3000 元及以上的流出人口中，30~35 岁群
体占比均最高，分别为 27.4% 和 33.4%；45 岁及以上的中老年群体和 25

岁以下的青年群体，其住房支出水平均主要集中在 2000 元以下。

表 5-8　吉林省流出人口分年龄住房支出情况

单位：人，%

年龄	指标	住房支出					合计
		0	1~1000 元	1000~2000 元	2000~3000 元	3000 元及以上	
15~20 岁	人数	39	43	10	1	3	96
	比重	2.7	2.0	1.4	0.6	3.0	2.1
20~25 岁	人数	119	206	47	4	2	378
	比重	8.2	9.4	6.6	2.2	2.0	8.1
25~30 岁	人数	251	434	177	46	15	923
	比重	17.2	19.7	24.9	25.7	14.8	19.8
30~35 岁	人数	204	311	165	49	34	763
	比重	14.0	14.1	23.2	27.4	33.4	16.4
35~40 岁	人数	171	288	124	25	16	624
	比重	11.7	13.1	17.4	14.0	15.6	13.4
40~45 岁	人数	155	338	77	22	16	608
	比重	10.6	15.3	10.8	12.3	15.6	13.1
45~50 岁	人数	163	255	51	17	5	491
	比重	11.2	11.6	7.2	9.5	5.0	10.6
50~55 岁	人数	133	156	31	6	5	331
	比重	9.1	7.1	4.4	3.4	5.0	7.1
55~60 岁	人数	87	90	13	3	2	195
	比重	6.0	4.1	1.8	1.7	2.0	4.2
60~65 岁	人数	56	45	7	6	3	117
	比重	3.8	2.0	1.0	3.4	3.0	2.5
65 岁及以上	人数	78	37	9	0	0	124
	比重	5.4	1.7	1.3	0.0	0.0	2.7
合计	人数	1456	2203	711	179	101	4650
	比重	100	100	100	100	100	100

三　分民族住房支出水平

由表5-9可知，在吉林省流出人口中，汉族人口占比为93.1%，其中在不需要承担住房支出的流出人口中，该群体占比为89.6%；在住房支出为1~1000元的流出人口中，占比为95.7%；在1000~2000元水平，占比为93.2%；在2000~3000元水平，占比为91.6%；在3000元及以上水平，占比为88.1%。

蒙古族人口在吉林省流出人口中的占比为0.6%，其中在不需要承担住房支出的流出人口中，该群体占比为0.4%；在住房支出为1~1000元的流出人口中，占比为0.6%；在1000~2000元水平，占比为0.8%；在2000~3000元水平，占比为0.6%；在3000元及以上水平，占比为1.0%。

满族人口在吉林省流出人口中的占比为2.9%，其中在不需要承担住房支出的流出人口中，该群体占比为3.2%；在住房支出为1~1000元的流出人口中，占比为2.5%；在1000~2000元水平，占比为3.4%；在2000~3000元水平，占比为2.8%；在3000元及以上水平，占比为2.0%。

回族人口在吉林省流出人口中的占比为0.2%，其中在不需要承担住房支出的流出人口中，该群体占比为0.1%；在住房支出为1~1000元的流出人口中，占比为0.1%；在1000~2000元水平，占比为0.1%；在2000~3000元水平，占比为1.1%；在3000元及以上水平，占比为2.0%。

朝鲜族人口在吉林省流出人口中的占比为3.2%，其中在不需要承担住房支出的流出人口中，该群体占比为6.6%；在住房支出为1~1000元的流出人口中，占比为1.0%；在1000~2000元水平，占比为2.3%；在2000~3000元水平，占比为3.9%；在3000元及以上水平，占比为6.9%。

彝族、白族和其他少数民族人口在吉林省流出人口中的占比接近0，在此不再描述。

可见，在吉林省流出人口中，汉族人口占比最高，超过90%；住房支出在3000元及以上的少数民族流出人口中，朝鲜族人口较多。

表 5-9 吉林省流出人口分民族住房支出情况

单位：人,%

民族	指标	住房支出					合计
		0	1~1000 元	1000~2000 元	2000~3000 元	3000 元及以上	
汉	人数	1305	2108	663	164	89	4329
	比重	89.6	95.7	93.2	91.6	88.1	93.1
蒙	人数	6	14	6	1	1	28
	比重	0.4	0.6	0.8	0.6	1.0	0.6
满	人数	47	55	24	5	2	133
	比重	3.2	2.5	3.4	2.8	2.0	2.9
回	人数	2	3	1	2	2	10
	比重	0.1	0.1	0.1	1.1	2.0	0.2
彝	人数	0	1	0	0	0	1
	比重	0.0	0.0	0.0	0.0	0.0	0.0
朝鲜	人数	96	21	16	7	7	147
	比重	6.6	1.0	2.3	3.9	6.9	3.2
白	人数	0	1	0	0	0	1
	比重	0.0	0.0	0.0	0.0	0.0	0.0
其他	人数	0	0	1	0	0	1
	比重	0.0	0.0	0.1	0.0	0.0	0.0
合计	人数	1456	2203	711	179	101	4650
	比重	100	100	100	100	100	100

四 分受教育程度住房支出水平

由表 5-10 可知，在不需要承担住房支出的流出人口中，未上过学的群体占比为 1.0%；在住房支出为 1~1000 元的流出人口中，该群体占比为 0.6%；在 1000~2000 元水平，占比为 0.3%；在 2000~3000 元水平，占比为 0.6%；在 3000 元及以上水平，占比为 1.0%。

受教育程度为小学的群体，在吉林省不需要承担住房支出的流出人口中的占比为 11.2%；在住房支出为 1~1000 元的流出人口中，该群体占比为 11.5%；在 1000~2000 元水平，占比为 3.5%；在 2000~3000 元水平，占比为 3.9%；在 3000 元及以上水平，占比为 3.0%。

受教育程度为初中的群体，在吉林省不需要承担住房支出的流出人口中的占比为 51.6%；在住房支出为 1~1000 元的流出人口中，该群体占比为 56.2%；在 1000~2000 元水平，占比为 44.0%；在 2000~3000 元水平，占比为 38.5%；在 3000 元及以上水平，占比为 28.7%。

受教育程度为高中/中专的群体，在吉林省不需要承担住房支出的流出人口中的占比为 21.9%；在住房支出为 1~1000 元的流出人口中，该群体占比为 20.2%；在 1000~2000 元水平，占比为 27.4%；在 2000~3000 元水平，占比为 23.5%；在 3000 元及以上水平，占比为 18.8%。

受教育程度为大学专科的群体，在吉林省不需要承担住房支出的流出人口中的占比为 7.3%；在住房支出为 1~1000 元的流出人口中，该群体占比为 7.0%；在 1000~2000 元水平，占比为 13.6%；在 2000~3000 元水平，占比为 16.2%；在 3000 元及以上水平，占比为 20.8%。

受教育程度为大学本科的群体，在吉林省不需要承担住房支出的流出人口中的占比为 6.6%；在住房支出为 1~1000 元的流出人口中，该群体占比为 4.3%；在 1000~2000 元水平，占比为 10.4%；在 2000~3000 元水平，占比为 16.8%；在 3000 元及以上水平，占比为 23.8%。

在吉林省不需要承担住房支出的流出人口中，研究生占比为 0.4%；在住房支出为 1~1000 元的流出人口中，该群体占比为 0.1%；在 1000~2000 元水平，占比为 0.7%；在 2000~3000 元水平，占比为 0.6%；在 3000 元及以上水平，占比为 4.0%。

表 5-10　吉林省流出人口分受教育程度住房支出情况

单位：人，%

受教育程度	指标	住房支出					合计
		0	1~1000 元	1000~2000 元	2000~3000 元	3000 元及以上	
未上过学	人数	14	13	2	1	1	31
	比重	1.0	0.6	0.3	0.6	1.0	0.7
小学	人数	163	253	25	7	3	451
	比重	11.2	11.5	3.5	3.9	3.0	9.7

续表

受教育程度	指标	住房支出					合计
		0	1~1000元	1000~2000元	2000~3000元	3000元及以上	
初中	人数	752	1239	313	69	29	2402
	比重	51.6	56.2	44.0	38.5	28.7	51.7
高中/中专	人数	319	446	195	42	19	1021
	比重	21.9	20.2	27.4	23.5	18.8	22.0
大学专科	人数	106	155	97	29	21	408
	比重	7.3	7.0	13.6	16.2	20.8	8.8
大学本科	人数	96	94	74	30	24	318
	比重	6.6	4.3	10.4	16.8	23.8	6.8
研究生	人数	6	3	5	1	4	19
	比重	0.4	0.1	0.7	0.6	4.0	0.4
合计	人数	1456	2203	711	179	101	4650
	比重	100	100	100	100	100	100

五 分婚姻状况住房支出水平

由表5-11可知，在吉林省不需要承担住房支出的流出人口中，未婚群体占比为20.4%；在住房支出为1~1000元的流出人口中，该群体占比为22.2%；在1000~2000元水平，占比为18.3%；在2000~3000元水平，占比为16.2%；在3000元及以上水平，占比为7.9%。

初婚群体在不需要承担住房支出的流出人口中的占比为72.0%；在住房支出为1~1000元的流出人口中，该群体占比为70.1%；在1000~2000元水平，占比为76.7%；在2000~3000元水平，占比为79.9%；在3000元及以上水平，占比为88.1%。

再婚群体在不需要承担住房支出的流出人口中的占比为2.2%；在住房支出为1~1000元的流出人口中，该群体占比为2.2%；在1000~2000元水平，占比为1.7%；在2000~3000元水平，占比为1.1%；在3000元及以上水平，占比为2.0%。

离婚群体在不需要承担住房支出的流出人口中的占比为3.6%；在住

房支出为 1~1000 元的流出人口中，该群体占比为 4.2%；在 1000~2000 元水平，占比为 3.2%；在 2000~3000 元水平，占比为 1.7%；在 3000 元及以上水平，占比为 1.0%。

丧偶群体在不需要承担住房支出的流出人口中的占比为 1.7%；在住房支出为 1~1000 元的流出人口中，该群体占比为 1.2%；在 1000~2000 元水平，占比为 0.1%；在 2000~3000 元水平，占比为 1.1%；在 3000 元及以上水平，占比为 1.0%。

表 5-11 吉林省流出人口分婚姻状况住房支出情况

单位：人，%

婚姻状况	指标	住房支出					合计
		0	1~1000 元	1000~2000 元	2000~3000 元	3000 元及以上	
未婚	人数	297	490	130	29	8	954
	比重	20.4	22.2	18.3	16.2	7.9	20.5
初婚	人数	1049	1545	545	143	89	3371
	比重	72.0	70.1	76.7	79.9	88.1	72.5
再婚	人数	32	49	12	2	2	97
	比重	2.2	2.2	1.7	1.1	2.0	2.1
离婚	人数	53	92	23	3	1	172
	比重	3.6	4.2	3.2	1.7	1.0	3.7
丧偶	人数	25	27	1	2	1	56
	比重	1.7	1.2	0.1	1.1	1.0	1.2
合计	人数	1456	2203	711	179	101	4650
	比重	100	100	100	100	100	100

六 分户口类型住房支出水平

由表 5-12 可知，在吉林省不需要承担住房支出的流出人口中，农业户口的流出人口占比为 70.7%；在住房支出为 1~1000 元的流出人口中，该群体占比为 79.0%；在 1000~2000 元水平，占比为 68.6%；在 2000~3000 元水平，占比为 57.5%；在 3000 元及以上水平，占比为 37.6%。

非农业户口流出人口在不需要承担住房支出的流出人口中的占比为

29.3%；在住房支出为 1~1000 元的流出人口中，该群体占比为 21.0%；在 1000~2000 元水平，占比为 31.4%；在 2000~3000 元水平，占比为 42.5%；在 3000 元及以上水平，占比为 62.4%。

综上可知，无论流出人口是农业户口还是非农业户口，其住房支出水平均主要在 2000 元及以下。此外，在住房支出为 3000 元及以上的流出人口中，非农业户口群体占比超过 60%。

表 5-12　吉林省流出人口分户口类型住房支出情况

单位：人，%

户口类型	指标	住房支出					合计
		0	1~1000 元	1000~2000 元	2000~3000 元	3000 元及以上	
农业	人数	1030	1740	488	103	38	3399
	比重	70.7	79.0	68.6	57.5	37.6	73.1
非农业	人数	426	463	223	76	63	1251
	比重	29.3	21.0	31.4	42.5	62.4	26.9
合计	人数	1456	2203	711	179	101	4650
	比重	100	10	100	100	100	100

七　分流动范围住房支出水平

由表 5-13 可知，在吉林省流出人口中，跨省流动群体占比为 37.2%，其中在不需要承担住房支出的流出人口中，该群体占比为 34.4%；在住房支出为 1~1000 元的流出人口中，该群体占比为 35.5%；在 1000~2000 元水平，占比为 39.5%；在 2000~3000 元水平，占比为 52.5%；在 3000 元及以上水平，占比为 71.3%。

省内跨市流动群体在吉林省流出人口中的占比为 36.2%，其中在不需要承担住房支出的流出人口中，该群体占比为 34.8%；在住房支出为 1~1000 元的流出人口中，该群体占比为 37.5%；在 1000~2000 元水平，占比为 38.1%；在 2000~3000 元水平，占比为 31.8%；在 3000 元及以上水平，占比为 19.8%。

市内跨县流动群体在吉林省流出人口中的占比为 26.6%，其中在不需要承担住房支出的流出人口中，该群体占比为 30.8%；在住房支出为 1~1000 元的流出人口中，该群体占比为 27.0%；在 1000~2000 元水平，占比为 22.4%；在 2000~3000 元水平，占比为 15.6%；在 3000 元及以上水平，占比为 8.9%。

综上，在吉林省流出人口中，跨省流动群体所占比重最高（37.2%），其次为省内跨市流动群体（36.2%），市内跨县群体所占比重最低（26.6%）。在流动范围与住房支出水平的关系方面，人口不论以何种方式流动，其住房支出水平普遍低于 2000 元。

表 5-13　吉林省流出人口分流动范围住房支出情况

单位：人，%

流动范围	指标	住房支出					合计
		0	1~1000 元	1000~2000 元	2000~3000 元	3000 元及以上	
跨省流动	人数	501	782	281	94	72	1730
	比重	34.4	35.5	39.5	52.5	71.3	37.2
省内跨市	人数	506	827	271	57	20	1681
	比重	34.8	37.5	38.1	31.8	19.8	36.2
市内跨县	人数	449	594	159	28	9	1239
	比重	30.8	27.0	22.4	15.6	8.9	26.6
合计	人数	1456	2203	711	179	179	4650
	比重	100	100	100	100	100	100

八　分流动时长住房支出水平

由表 5-14 可知，在吉林省不需要承担住房支出的流出人口中，流动时长为 0~2 年的群体占比为 22.4%；在住房支出为 1~1000 元的流出人口中，该群体占比为 32.0%；在 1000~2000 元水平，占比为 30.9%；在 2000~3000 元水平，占比为 29.1%；在 3000 元及以上水平，占比为 21.8%。

流动时长为 2~6 年的群体在不需要承担住房支出的流出人口中的占比为 37.6%；在住房支出为 1~1000 元的流出人口中，该群体占比为 42.3%；在 1000~2000 元水平，占比为 46.0%；在 2000~3000 元水平，占比为

42.5%；在 3000 元及以上水平，占比为 45.5%。

流动时长为 6~10 年的群体在不需要承担住房支出的流出人口中的占比 17.4%；在住房支出为 1~1000 元的流出人口中，该群体占比为 15.5%；在 1000~2000 元水平，占比为 14.2%；在 2000~3000 元水平，占比为 19.6%；在 3000 元及以上水平，占比为 15.8%。

流动时长为 10 年及以上的群体在不需要承担住房支出的流出人口中的占比为 22.5%；在住房支出为 1~1000 元的流出人口中，该群体占比为 10.3%；在 1000~2000 元水平，占比为 8.9%；在 2000~3000 元水平，占比为 8.9%；在 3000 元及以上水平，占比为 16.8%。

综上，吉林省流出人口的住房支出水平均主要在 2000 元以下，受流动时长的影响不明显。

表 5-14　吉林省流出人口分流动时长住房支出情况

单位：人，%

流动时长	指标	住房支出					合计
		0	1~1000 元	1000~2000 元	2000~3000 元	3000 元及以上	
0~2 年	人数	326	705	220	52	22	1325
	比重	22.4	32.0	30.9	29.1	21.8	28.5
2~6 年	人数	548	931	327	76	46	1928
	比重	37.6	42.3	46.0	42.5	45.5	41.5
6~10 年	人数	254	341	101	35	16	747
	比重	17.4	15.5	14.2	19.6	15.8	16.1
10 年及以上	人数	328	226	63	16	17	650
	比重	22.5	10.3	8.9	8.9	16.8	14.0
合计	人数	1456	2203	711	179	101	4650
	比重	100	100	100	100	100	100

九　分流动原因住房支出水平

由表 5-15 可知，在吉林省流出人口中，务工经商群体占比为 79.2%，其中在不需要承担住房支出的流出人口中，该群体占比为 71.2%；在住房支出为 1~1000 元的流出人口中，该群体占比为 81.3%；在 1000~2000 元水平，占比为 85.9%；在 2000~3000 元水平，占比为 85.5%；在 3000 元及以上水平，占比为 89.1%。

家属随迁群体在吉林省流出人口中的占比为 14.3%，其中在不需要承担住房支出的流出人口中，该群体占比为 16.8%；在住房支出为 1~1000 元的流出人口中，该群体占比为 14.9%；在 1000~2000 元水平，占比为 9.3%；在 2000~3000 元水平，占比为 11.2%；在 3000 元及以上水平，占比为 6.9%。

因其他原因而流出的群体占流出人口的 6.5%，其中在不需要承担住房支出的流出人口中，该群体占比为 12.0%；在住房支出为 1~1000 元的流出人口中，该群体占比为 3.8%；在 1000~2000 元水平，占比为 4.8%；在 2000~3000 元水平，占比为 3.4%；在 3000 元及以上水平，占比为 4.0%。

综上，在吉林省流出人口中，因务工经商而流出的群体所占比重最高，接近 80%。而且，流动原因与住房支出水平关系不大，流出人口的住房支出水平普遍在 2000 元以下。

表 5-15 吉林省流出人口分流动原因住房支出情况

单位：人，%

流动原因	指标	住房支出					合计
		0	1~1000 元	1000~2000 元	2000~3000 元	3000 元及以上	
务工经商	人数	1037	1791	611	153	90	3682
	比重	71.2	81.3	85.9	85.5	89.1	79.2
家属随迁	人数	245	329	66	20	7	667
	比重	16.8	14.9	9.3	11.2	6.9	14.3
其他原因	人数	174	83	34	6	4	301
	比重	12.0	3.8	4.8	3.4	4.0	6.5
合计	人数	1456	2203	711	179	101	4650
	比重	100	100	100	100	100	100

十 分居民健康档案建立情况住房支出水平

由表 5-16 可知，在吉林省流出人口中，已建立居民健康档案的群体占比为 29.2%，其中在不需要承担住房支出的流出人口中，该群体占比为 30.4%；在住房支出为 1~1000 元的流出人口中，该群体占比为 28.7%；在 1000~2000 元水平，占比为 29.5%；在 2000~3000 元水平，占比为 30.7%；在 3000 元及以上水平，占比为 20.8%。

未建立居民健康档案的群体在吉林省流出人口中的占比为 70.8%，其中在不需要承担住房支出的流出人口中，该群体占比为 69.6%；在住房支出为 1~1000 元的流出人口中，该群体占比为 71.3%；在 1000~2000 元水平，占比为 70.5%；在 2000~3000 元水平，占比为 69.3%；在 3000 元及以上水平，占比为 79.2%。

综上，在吉林省流出人口中，超过 70% 的人口未建立居民健康档案。在高住房支出水平的流出人口中，未建居民健康档案的群体占比仍然最高。

表 5-16 吉林省流出人口居民健康档案建立与住房支出情况

单位：人,%

居民健康档案	指标	住房支出					合计
		0	1~1000 元	1000~2000 元	2000~3000 元	3000 元及以上	
已建	人数	442	632	210	55	21	1360
	比重	30.4	28.7	29.5	30.7	20.8	29.2
未建	人数	1014	1571	501	124	80	3290
	比重	69.6	71.3	70.5	69.3	79.2	70.8
合计	人数	1456	2203	711	179	101	4650
	比重	100	100	100	100	100	100

第三节 食品支出水平

一 分性别食品支出水平

由表 5-17 可知，在吉林省食品支出为 0~1000 元水平的流出人口中，男性占比为50.7%，女性占比为49.3%；在1000~2000元水平；男性占比为53.5%，女性占比为46.5%；在2000~3000元水平，男性占比为51.5%，女性占比为48.5%；在3000元及以上水平，男性占比为50.5%，女性占比为49.5%。可见，男性食品支出水平普遍高于女性，但二者差别较小。

表5-17 吉林省流出人口分性别食品支出情况

单位：人，%

性别	指标	住房支出				合计
		0~1000元	1000~2000元	2000~3000元	3000元及以上	
男	人数	1312	870	177	47	2406
	比重	50.7	53.5	51.5	50.5	51.7
女	人数	1274	757	167	46	2244
	比重	49.3	46.5	48.5	49.5	48.3
合计	人数	2586	1627	344	93	4650
	比重	100	100	100	100	100

二 分年龄食品支出水平

由表5-18可知，在吉林省食品支出为0~1000元水平的流出人口中，15~20岁群体占比为2.5%；在1000~2000元水平，占比为1.4%；在2000~3000元水平，占比为2.0%；在3000元及以上水平，占比为3.2%。

20~25岁群体在食品支出为0~1000元水平的流出人口中的占比为10.1%；在1000~2000元水平，占比为6.0%；在2000~3000元水平，占比为3.8%；在3000元及以上水平，占比为7.5%。

25~30岁群体在食品支出为0~1000元水平的流出人口中的占比为19.8%；在1000~2000元水平，占比为20.3%；在2000~3000元水平，占比为19.5%；在3000元及以上水平，占比为15.1%。

30~35岁群体在食品支出为0~1000元水平的流出人口中的占比为14.5%；在1000~2000元水平，占比为18.0%；在2000~3000元水平，占比为18.6%；在3000元及以上水平，占比为33.3%。

35~40岁群体在食品支出为0~1000元水平的流出人口中的占比为

11.1%；在1000~2000元水平，占比为16.0%；在2000~3000元水平，占比为17.4%；在3000元及以上水平，占比为16.1%。

40~45岁群体在食品支出为0~1000元水平的流出人口中的占比为12.1%；在1000~2000元水平，占比为13.9%；在2000~3000元水平，占比为17.4%；在3000元及以上水平，占比为10.8%。

40~45岁群体在食品支出为0~1000元水平的流出人口中的占比为10.4%；在1000~2000元水平，占比为11.5%；在2000~3000元水平，占比为8.7%；在3000元及以上水平，占比为6.5%。

50~55岁群体在食品支出为0~1000元水平的流出人口中的占比为8.2%；在1000~2000元水平，占比为6.0%；在2000~3000元水平，占比为4.9%；在3000元及以上水平，占比为4.3%。

55~60岁群体在食品支出为0~1000元水平的流出人口中的占比5.3%；在1000~2000元水平，占比为2.9%；在2000~3000元水平，占比为3.2%。

60~65岁群体在食品支出为0~1000元水平的流出人口中的占比为2.6%；在1000~2000元水平，占比为2.3%；在2000~3000元水平，占比为2.9%；在3000元及以上水平，占比为2.2%。

65岁及以上群体在食品支出为0~1000元水平的流出人口中的占比为3.5%；在1000~2000元水平，占比为1.7%；在2000~3000元水平，占比为1.5%；在3000元及以上水平，占比为1.1%。

可见，在吉林省流出人口中，年龄与食品支出水平的关系呈凸性。食品支出在3000元及以上的流出人口中，30~35岁群体占比最高，为33.3%；其次为35~40岁群体，占比为16.1%。食品支出水平在2000~3000元水平，25~30岁群体占比最高，为19.5%；其次为30~35岁群体，占比为18.6%。

表5-18　吉林省流出人口分年龄食品支出情况

单位：人,%

年龄	指标	住房支出				合计
		0~1000元	1000~2000元	2000~3000元	3000元及以上	
15~20岁	人数	64	22	7	3	96
	比重	2.5	1.4	2.0	3.2	2.1

续表

年龄	指标	住房支出				合计
		0~1000 元	1000~2000 元	2000~3000 元	3000 元及以上	
20~25 岁	人数	261	97	13	7	378
	比重	10.1	6.0	3.8	7.5	8.1
25~30 岁	人数	511	331	67	14	923
	比重	19.8	20.3	19.5	15.1	19.8
30~35 岁	人数	375	293	64	31	763
	比重	14.5	18.0	18.6	33.3	16.4
35~40 岁	人数	288	261	60	15	624
	比重	11.1	16.0	17.4	16.1	13.4
40~45 岁	人数	312	226	60	10	608
	比重	12.1	13.9	17.4	10.8	13.1
45~50 岁	人数	268	187	30	6	491
	比重	10.4	11.5	8.7	6.5	10.6
50~55 岁	人数	213	97	17	4	331
	比重	8.2	6.0	4.9	4.3	7.1
55~60 岁	人数	137	47	11	0	195
	比重	5.3	2.9	3.2	0.0	4.2
60~65 岁	人数	67	38	10	2	117
	比重	2.6	2.3	2.9	2.2	2.5
65 岁及以上	人数	90	28	5	1	124
	比重	3.5	1.7	1.5	1.1	2.7
合计	人数	2586	1627	344	93	4650
	比重	100	100	100	100	100

三 分民族食品支出水平

由表 5-19 可知，在吉林省食品支出为 0~1000 元水平的流出人口中，汉族人口占比为 93.5%；在 1000~2000 元水平，占比为 93.6%；在 2000~3000 元水平，占比为 89.9%；在 3000 元及以上水平，占比为 86.0%。

蒙古族人口在食品支出为 0~1000 元水平的流出人口中的占比为

0.6%；在 1000~2000 元水平，占比为 0.7%；在 2000~3000 元水平，占比为 0.6%；在 3000 元及以上水平，占比为 0.0%。

满族人口在食品支出为 0~1000 元水平的流出人口中的占比为 2.8%；在 1000~2000 元水平，占比为 2.5%；在 2000~3000 元水平，占比为 4.1%；在 3000 元及以上水平，占比为 7.5%。

回族人口在食品支出为 0~1000 元水平的流出人口中的占比为 0.2%；在 1000~2000 元水平，占比为 0.2%；在 2000~3000 元水平，占比为 0.6%；在 3000 元及以上水平，占比为 0.0%。

朝鲜族人口在食品支出为 0~1000 元水平的流出人口中的占比为 2.9%；在 1000~2000 元水平，占比为 3.1%；在 2000~3000 元水平，占比为 4.7%；在 3000 元及以上水平，占比为 6.5%。

彝族、白族及其他少数民族占比较低，在此不做过多描述。

可见，在吉林省流出人口中，汉族群体占据主要部分，而在少数民族中，朝鲜族和满族流出人口的食品支出较多。

表 5-19　吉林省流出人口分民族食品支出情况

单位：人，%

民族	指标	食品支出				合计
		0~1000 元	1000~2000 元	2000~3000 元	3000 元及以上	
汉	人数	2417	1523	309	80	4329
	比重	93.5	93.6	89.8	86.0	93.1
蒙	人数	15	11	2	0	28
	比重	0.6	0.7	0.6	0.0	0.6
满	人数	72	40	14	7	133
	比重	2.8	2.5	4.1	7.5	2.9
回	人数	5	3	2	0	10
	比重	0.2	0.2	0.6	0.0	0.2
彝	人数	1	0	0	0	1
	比重	0.0	0.0	0.0	0.0	0.0
朝鲜	人数	75	50	16	6	147
	比重	2.9	3.1	4.7	6.5	3.2

续表

民族	指标	食品支出				合计
		0~1000 元	1000~2000 元	2000~3000 元	3000 元及以上	
白	人数	1	0	0	0	1
	比重	0.0	0.0	0.0	0.0	0.0
其他	人数	0	0	1	0	1
	比重	0.0	0.0	0.3	0.0	0.0
合计	人数	2586	1627	344	93	4650
	比重	100	100	100	100	100

四　分受教育程度食品支出水平

由表 5-20 可知，在吉林省食品支出为 0~1000 元水平的流出人口中，未上过学的群体占比为 0.9%；在 1000~2000 元水平，占比为 0.4%；在 2000~3000 元水平，占比为 0.3%；在 3000 元及以上水平，占比为 1.1%。

受教育程度为小学的群体在食品支出为 0~1000 元水平的流出人口中的占比为 11.4%；在 1000~2000 元水平，占比为 8.2%；在 2000~3000 元水平，占比为 6.7%；在 3000 元及以上水平，占比为 0.0%。

受教育程度为初中的群体在食品支出为 0~1000 元水平的流出人口中的占比为 53.9%；在 1000~2000 元水平，占比为 50.8%；在 2000~3000 元水平，占比为 42.2%；在 3000 元及以上水平，占比为 39.8%。

受教育程度为高中/中专的群体在食品支出为 0~1000 元水平的流出人口中的占比为 20.6%；在 1000~2000 元水平，占比为 24.0%；在 2000~3000 元水平，占比为 22.7%；在 3000 元及以上水平，占比为 20.4%。

受教育程度为大学专科的群体在食品支出为 0~1000 元水平的流出人口中的占比为 7.5%；在 1000~2000 元水平，占比为 9.3%；在 2000~3000 元水平，占比为 13.4%；在 3000 元及以上水平，占比为 17.2%。

受教育程度为大学本科的群体在食品支出为 0~1000 元水平的流出人口中的占比为 5.4%；在 1000~2000 元水平，占比为 6.9%；在 2000~3000 元水平，占比为 13.7%；在 3000 元及以上水平，占比为 19.4%。

研究生在食品支出为 0~1000 元水平的流出人口中的占比为 0.3%；在

1000～2000 元水平，占比为 0.4%；在 2000～3000 元水平，占比为 1.2%；在 3000 元及以上水平，占比 2.2%。

表 5-20　吉林省流出人口分受教育程度食品支出情况

单位：人，%

受教育程度	指标	食品支出				合计
		0～1000 元	1000～2000 元	2000～3000 元	3000 元及以上	
未上过学	人数	22	7	1	1	31
	比重	0.9	0.4	0.3	1.1	0.7
小学	人数	295	133	23	0	451
	比重	11.4	8.2	6.7	0.0	9.
初中	人数	1394	826	145	37	2402
	比重	53.9	50.8	42.2	39.8	51.7
高中/中专	人数	533	391	78	19	1021
	比重	20.6	24.0	22.7	20.4	22.0
大学专科	人数	195	151	46	16	408
	比重	7.5	9.3	13.4	17.2	8.8
大学本科	人数	140	113	47	18	318
	比重	5.4	6.9	13.7	19.4	6.8
研究生	人数	7	6	4	2	19
	比重	0.3	0.4	1.2	2.2	0.4
合计	人数	2586	1627	344	93	4650
	比重	100	100	100	100	100

五　分婚姻状况食品支出水平

由表 5-21 可知，在吉林省食品支出为 0～1000 元水平的流出人口中，未婚群体占比为 26.3%；在 1000～2000 元水平，占比为 14.0%；在 2000～3000 元水平，占比为 10.8%；在 3000 元及以上水平，占比为 8.6%。

初婚群体在食品支出为 0～1000 元水平的流出人口中的占比为 64.8%；在 1000～2000 元水平，占比为 81.6%；在 2000～3000 元水平，占比为 83.7%；在 3000 元及以上水平，占比为 87.1%。

再婚群体在食品支出为 0～1000 元水平的流出人口中的占比为 2.2%；在 1000～2000 元水平，占比为 1.9%；在 2000～3000 元水平，占比为 2.6%；在 3000 元及以上水平，占比为 1.1%。

离婚群体在食品支出为 0～1000 元水平的流出人口中的占比为 5.1%；在 1000～2000 元水平，占比为 1.8%；在 2000～3000 元水平，占比为 2.3%；在 3000 元及以上水平，占比为 2.2%。

丧偶群体在食品支出为 0～1000 元水平的流出人口中的占比为 1.6%；在 1000～2000 元水平，占比为 0.7%；在 2000～3000 元水平，占比为 0.6%；在 3000 元及以上水平，占比为 1.1%。

表 5-21　吉林省流出人口分婚姻状况食品支出情况

单位：人,%

婚姻状况	指标	食品支出				合计
		0～1000 元	1000～2000 元	2000～3000 元	3000 元及以上	
未婚	人数	681	228	37	8	954
	比重	26.3	14.0	10.8	8.6	20.5
初婚	人数	1675	1327	288	81	3371
	比重	64.8	81.6	83.7	87.1	72.5
再婚	人数	56	31	9	1	97
	比重	2.2	1.9	2.6	1.1	2.1
离婚	人数	133	29	8	2	172
	比重	5.1	1.8	2.3	2.2	3.7
丧偶	人数	41	12	2	1	56
	比重	1.6	0.7	0.6	1.1	1.2
合计	人数	2586	1627	344	93	4650
	比重	100	100	100	100	100

六　分户口类型食品支出水平

由表 5-22 可知，在吉林省食品支出为 0～1000 元水平的流出人口中，农业户口群体占比为 76.9%；在 1000～2000 元水平，占比为 70.4%；在 2000～3000 元水平，占比为 61.3%；在 3000 元及以上水平，占比为 57.0%。

非农业户口群体在食品支出为 0～1000 元水平的流出人口中的占比为 23.1%；在 1000～2000 元水平，占比为 29.6%；在 2000～3000 元水平，占比为 38.7%；在 3000 元及以上水平，占比为 43.0%。

综上可知，无论是农业户口群体还是非农业户口群体，其食品支出水平均主要在 2000 元及以下。但是在食品支出为 0～1000 元水平的流出人口中，农业户口群体占比超过 70%，说明城乡居民食品支出的差异较大。

表 5-22　吉林省流出人口分户口类型食品支出情况

单位：人，%

户口类型	指标	食品支出				合计
		0～1000 元	1000～2000 元	2000～3000 元	3000 元及以上	
农业	人数	1989	1146	211	53	3399
	比重	76.9	70.4	61.3	57.0	73.1
非农业	人数	597	481	133	40	1251
	比重	23.1	29.6	38.7	43.0	26.9
合计	人数	2586	1627	344	93	4650
	比重	100	100	100	100	100

七　分流动范围食品支出水平

由表 5-23 可知，在吉林省食品支出为 0～1000 元水平的流出人口中，跨省流动群体占比为 35.5%；在 1000～2000 元水平，占比为 36.0%；在 2000～3000 元水平，占比为 50.3%；在 3000 元及以上水平，占比为 59.1%。

省内跨市群体在食品支出为 0～1000 元水平的流出人口中，占比为 36.5%；在 1000～2000 元水平，占比为 37.4%；在 2000～3000 元水平，占比为 29.9%；在 3000 元及以上水平，占比为 26.9%。

市内跨县群体在食品支出为 0～1000 元水平的流出人口中，占比为 28.0%；在 1000～2000 元水平，占比为 26.7%；在 2000～3000 元水平，占比为 19.8%；在 3000 元及以上水平，占比为 14.0%。

综上，不管流出人口的流动范围如何，其食品支出水平均主要低于2000元。另外，相比其他群体，跨省流动群体的食品支出水平较高。

表 5-23 吉林省流出人口分流动范围食品支出情况

单位：人，%

流动范围	指标	食品支出				合计
		0~1000 元	1000~2000 元	2000~3000 元	3000 元及以上	
跨省流动	人数	917	585	173	55	1730
	比重	35.5	36.0	50.3	59.1	37.2
省内跨市	人数	945	608	103	25	1681
	比重	36.5	37.4	29.9	26.9	36.2
市内跨县	人数	724	434	68	13	1239
	比重	28.0	26.7	19.8	14.0	26.6
合计	人数	2586	1627	344	93	4650
	比重	100	100	100	100	100

八 分流动时长食品支出水平

由表 5-24 可知，在吉林省食品支出为 0~1000 元水平的流出人口中，流动时长为 0~2 年的群体占比为 31.3%；在 1000~2000 元水平，该群体占比为 25.6%；在 2000~3000 元水平，占比为 24.1%；在 3000 元及以上水平，占比为 18.3%。

流动时长为 2~6 年的群体，在食品支出为 0~1000 元水平的流出人口中的占比为 40.3%；在 1000~2000 元水平，占比为 44.4%；在 2000~3000 元水平，占比为 37.2%；在 3000 元及以上水平，占比为 37.6%。

流动时长为 6~10 年的群体，在食品支出为 0~1000 元水平的流出人口中的占比为 15.0%；在 1000~2000 元水平，占比为 16.4%；在 2000~3000 元水平，占比为 20.6%；在 3000 元及以上水平，占比为 23.7%。

流动时长为 10 年及以上的群体，在食品支出为 0~1000 元水平的流出人口中的占比为 13.5%；在 1000~2000 元水平，占比为 13.6%；在 2000~3000 元水平，占比为 18.0%；在 3000 元及以上水平，占比为 20.4%。

综上，吉林省流出人口无论流动时长多少，其食品支出水平均主要在2000 元以下。

表 5-24 吉林省流出人口分流动时长食品支出情况

单位：人，%

流动时长	指标	食品支出				合计
		0~1000 元	1000~2000 元	2000~3000 元	3000 元及以上	
0~2 年	人数	809	416	83	17	1325
	比重	31.3	25.6	24.1	18.3	28.5
2~6 年	人数	1042	723	128	35	1928
	比重	40.3	44.4	37.2	37.6	41.5
6~10 年	人数	387	267	71	22	747
	比重	15.0	16.4	20.6	23.7	16.1
10 年及以上	人数	348	221	62	19	650
	比重	13.5	13.6	18.0	20.4	14.0
合计	人数	2586	1627	344	93	4650
	比重	100	100	100	100	100

九 分流动原因食品支出水平

由表 5-25 可知，在吉林省食品支出为 0~1000 元水平的流出人口中，务工经商群体占比为 79.3%；在 1000~2000 元水平，占比为 80.1%；在 2000~3000 元水平，占比为 75.3%；在 3000 元及以上水平，占比为 73.1%。

家属随迁群体，在食品支出为 0~1000 元水平的流出人口中的占比为 13.9%；在 1000~2000 元水平，占比为 14.4%；在 2000~3000 元水平，占比为 16.0%；在 3000 元及以上水平，占比为 18.3%。

因其他原因而流动的群体，在食品支出为 0~1000 元水平的流出人口中的占比为 6.8%；在 1000~2000 元水平，占比为 5.4%；在 2000~3000 元水平，占比为 8.7%；在 3000 元及以上水平，占比为 8.6%。

综上，在吉林省流出人口中，不管出于何种流动原因，流动群体的食品支出水平普遍偏低。

表 5-25　吉林省流出人口分流动原因食品支出情况

单位：人，%

流动原因	指标	食品支出				合计
		0～1000 元	1000～2000 元	2000～3000 元	3000 元及以上	
务工经商	人数	2051	1304	259	68	3682
	比重	79.3	80.1	75.3	73.1	79.2
家属随迁	人数	360	235	55	17	667
	比重	13.9	14.4	16.0	18.3	14.3
其他原因	人数	175	88	30	8	301
	比重	6.8	5.4	8.7	8.6	6.5
合计	人数	2586	1627	344	93	4650
	比重	100	100	100	100	100

十　居民健康档案建立情况与食品支出水平

由表 5-26 可知，在吉林省食品支出为 0～1000 元水平的流出人口中，已建立居民健康档案的群体占比为 28.6%；在 1000～2000 元水平，占比为 29.3%；在 2000～3000 元水平，占比为 31.1%；在 3000 元及以上水平，占比为 40.9%。

未建立居民健康档案的群体，在食品支出为 0～1000 元水平的流出人口中的占比为 71.4%；在 1000～2000 元水平，占比为 70.7%；在 2000～3000 元水平，占比为 68.9%；在 3000 元及以上水平，占比为 59.1%。

综上，无论居民健康档案建立与否，吉林省流出人口的食品支出水平均主要集中在 2000 元及以下。

表 5-26　吉林省流出人口居民健康档案与食品支出情况

单位：人，%

居民健康档案	指标	食品支出				合计
		0～1000 元	1000～2000 元	2000～3000 元	3000 元及以上	
已建	人数	739	476	107	38	1360
	比重	28.6	29.3	31.1	40.9	29.2%

续表

居民健康档案	指标	食品支出				合计
		0~1000元	1000~2000元	2000~3000元	3000元及以上	
未建	人数	1847	1151	237	55	3290
	比重	71.4	70.7	68.9	59.1	70.8%
合计	人数	2586	1627	344	93	4650
	比重	100	100	100	100	100

第四节 月支出水平

一 分性别月支出水平

由表 5-27 可知，在吉林省月支出为 0~2000 元水平的流出人口中，男性占比为 51.1%，女性占比为 48.9%；在 2000~4000 元水平，男性占比为 52.5%，女性占比为 47.5%；在 4000~6000 元水平，男性占比为 49.6%，女性占比为 50.4%；在 6000 元及以上水平，男性占比为 54.4%，女性占比为 45.6%。

表 5-27 吉林省流出人口分性别月支出情况

性别	指标	月支出				合计
		0~2000元	2000~4000元	4000~6000元	6000元及以上	
男	人数	815	1201	278	112	2406
	比重	51.1	52.5	49.6	54.4	51.7%
女	人数	781	1086	283	94	2244
	比重	48.9	47.5	50.4	45.6	48.3%
合计	人数	1596	2287	561	206	4650
	比重	100	100	100	100	100

二 分年龄月支出水平

由表 5-28 可知，在吉林省月支出为 0~2000 元水平的流出人口中，

15~20 岁群体占比为 2.6%；在 2000~4000 元水平，占比为 1.9%；在 4000~6000 元水平，占比为 1.6%；在 6000 元及以上水平，占比为 1.0%。

20~25 岁群体，在月支出为 0~2000 元水平的流出人口中的占比为 12.0%；在 2000~4000 元水平，占比为 6.8%；在 4000~6000 元水平，占比为 4.6%；在 6000 元及以上水平，占比为 2.4%。

25~30 岁群体，在月支出为 0~2000 元水平的流出人口中的占比为 18.0%；在 2000~4000 元水平，占比为 20.8%；在 4000~6000 元水平，占比为 21.7%；在 6000 元及以上水平，占比为 18.9%。

30~35 岁群体，在月支出为 0~2000 元水平的流出人口中的占比为 10.9%；在 2000~4000 元水平，占比为 17.4%；在 4000~6000 元水平，占比为 23.5%；在 6000 元及以上水平，占比为 29.1%。

35~40 岁群体，在月支出为 0~2000 元水平的流出人口中的占比为 8.8%；在 2000~4000 元水平，占比为 14.8%；在 4000~6000 元水平，占比为 18.4%；在 6000 元及以上水平，占比为 20.9%。

40~45 岁群体，在月支出为 0~2000 元水平的流出人口中的占比为 11.2%；在 2000~4000 元水平，占比为 14.4%；在 4000~6000 元水平，占比为 12.5%；在 6000 元及以上水平，占比为 14.6%。

45~50 岁群体，在月支出为 0~2000 元水平的流出人口中的占比为 11.7%；在 2000~4000 元水平，占比为 10.7%；在 4000~6000 元水平，占比为 8.7%；在 6000 元及以上水平，占比为 5.3%。

50~55 岁群体，在月支出为 0~2000 元水平的流出人口中的占比为 9.8%；在 2000~4000 元水平，占比为 6.3%；在 4000~6000 元水平，占比为 4.5%；在 6000 元及以上水平，占比为 2.9%。

55~60 岁群体，在月支出为 0~2000 元水平的流出人口中的占比为 7.0%；在 2000~4000 元水平，占比为 3.1%；在 4000~6000 元水平，占比为 1.6%；在 6000 元及以上水平，占比为 1.5%。

60~65 岁群体，在月支出为 0~2000 元水平的流出人口中的占比为 3.4%；在 2000~4000 元水平，占比为 2.1%；在 4000~6000 元水平，占比为 1.8%；在 6000 元及以上水平，占比为 2.9%。

65 岁及以上群体，在月支出为 0~2000 元水平的流出人口中的占比为

4.8%；在2000~4000元水平，占比为1.8%；在4000~6000元水平，占比为1.1%；在6000元及以上水平，占比为0.5%。

可见，在吉林省流出人口中，年龄与月支出水平的关系呈凸性。月支出在6000元及以上水平的流出人口中，30~35岁群体占比最高，为29.1%；其次为35~40岁群体，占比为20.9%。月支出在4000~6000元水平的流出人口中，30~35岁群体占比最高，为23.5%；其次为25~30岁群体，占比为21.7%。45岁及以上的中老年群体和25岁及以下的青年群体，其月支出水平主要集中在4000元以下。

表5-28　吉林省流出人口分年龄月支出情况

单位：人，%

年龄	指标	月支出				合计
		0~2000元	2000~4000元	4000~6000元	6000元及以上	
15~20岁	人数	42	43	9	2	96
	比重	2.6	1.9	1.6	1.0	2.1
20~25岁	人数	192	155	26	5	378
	比重	12.0	6.8	4.6	2.4	8.1
25~30岁	人数	287	475	122	39	923
	比重	18.0	20.8	21.7	18.9	19.8
30~35岁	人数	174	397	132	60	763
	比重	10.9	17.4	23.5	29.1	16.4
35~40岁	人数	140	338	103	43	624
	比重	8.8	14.8	18.4	20.9	13.4
40~45岁	人数	178	330	70	30	608
	比重	11.2	14.4	12.5	14.6	13.1
45~50岁	人数	186	245	49	11	491
	比重	11.7	10.7	8.7	5.3	10.6
50~55岁	人数	156	144	25	6	331
	比重	9.8	6.3	4.5	2.9	7.1
55~60岁	人数	111	72	9	3	195
	比重	7.0	3.1	1.6	1.5	4.2

续表

年龄	指标	月支出				合计
		0~2000元	2000~4000元	4000~6000元	6000元及以上	
60~65岁	人数	54	47	10	6	117
	比重	3.4	2.1	1.8	2.9	2.5
65岁及以上	人数	76	41	6	1	124
	比重	4.8	1.8	1.1	0.5	2.7
合计	人数	1596	2287	561	206	4650
	比重	100	100	100	100	100

三 分民族月支出水平

由表5-29可知，在吉林省月支出为0~2000元水平的流出人口中，汉族群体占比为94.0%；在2000~4000元水平，占比为93.3%；在4000~6000元水平，占比为92.5%；在6000元及以上水平，占比为85.9%。

蒙古族群体在月支出为0~2000元水平的流出人口中的占比为0.4%；在2000~4000元水平，占比为0.8%；在4000~6000元水平，占比为0.7%；在6000元及以上水平，占比0.0%。

满族群体在月支出为0~2000元水平的流出人口中的占比为2.4%；在2000~4000元水平，占比为2.9%；在4000~6000元水平，占比为3.4%；在6000元及以上水平，占比为4.4%。

回族群体在月支出为0~2000元水平的流出人口中的占比为0.1%；在2000~4000元水平，占比为0.2%；在4000~6000元水平，占比为0.4%；在6000元及以上水平，占比为1.5%。

朝鲜族群体在月支出为0~2000元水平的流出人口中的占比为3.0%；在2000~4000元水平，占比为2.9%；在4000~6000元水平，占比为3.0%；在6000元及以上水平，占比为7.8%。

彝族、白族及其他少数民族群体占比较低，在此不再描述。

表5-29 吉林省流出人口分民族月支出情况

单位：人,%

民族	指标	月支出				合计
		0~2000元	2000~4000元	4000~6000元	6000元及以上	
汉	人数	1500	2133	519	177	4329
	比重	94.0	93.3	92.5	85.9	93.1
蒙	人数	6	18	4	0	28
	比重	0.4	0.8	0.7	0.0	0.6
满	人数	39	66	19	9	133
	比重	2.4	2.9	3.4	4.4	2.9
回	人数	1	4	2	3	10
	比重	0.1	0.2	0.4	1.5	0.2
彝	人数	1	0	0	0	1
	比重	0.1	0.0	0.0	0.0	0.0
朝鲜	人数	48	66	17	16	147
	比重	3.0	2.9	3.0	7.8	3.2
白	人数	1	0	0	0	1
	比重	0.1	0.0	0.0	0.0	0.0
其他	人数	0	0	0	1	1
	比重	0.0	0.0	0.0	0.5	0.
合计	人数	1596	2287	561	206	4650
	比重	100	100	100	100	100

四 分受教育程度月支出水平

由表5-30可知，在吉林省月支出为0~2000元水平的流出人口中，未上过学的群体占比为1.4%；在2000~4000元水平，占比为0.3%；在4000~6000元水平，占比为0.2%；在6000元及以上水平，占比为0.5%。

受教育程度为小学的群体，在月支出为0~2000元水平的流出人口中的占比为14.5%；在2000~4000元水平，占比为7.9%；在4000~6000元水平，占比为5.2%；在6000元及以上水平，占比为4.9%。

受教育程度为初中的群体，在月支出为0~2000元水平的流出人口中

的占比为 55.5%；在 2000~4000 元水平，占比为 53.1%；在 4000~6000 元
水平，占比为 43.5%；在 6000 元及以上水平，占比为 28.6%。

受教育程度为高中/中专的群体，在月支出为 0~2000 元水平的流出人
口中的占比 18.4%；在 2000~4000 元水平，占比为 23.6%；在 4000~
6000 元水平，占比为 26.6%；在 6000 元及以上水平，占比为 19.4%。

受教育程度为大学专科的群体，在月支出为 0~2000 元水平的流出人
口中的占比 6.0%；在 2000~4000 元水平，占比为 8.9%；在 4000~6000
元水平，占比为 12.7%；在 6000 元及以上水平，占比为 18.0%。

受教育程度为大学本科的群体，在月支出为 0~2000 元水平的流出人
口中的占比 4.1%；在 2000~4000 元水平，占比为 6.1%；在 4000~6000
元水平，占比为 10.9%；在 6000 元及以上水平，占比为 25.2%。

研究生在月支出为 0~2000 元水平的流出人口中的占比为 0.1%；在
2000~4000 元水平，占比为 0.2%；在 4000~6000 元水平，占比为 1.1%；
在 6000 元及以上水平，占比为 3.4%。

表 5-30　吉林省流出人口分受教育程度月支出情况

单位：人,%

受教育程度	指标	月支出				合计
		0~2000 元	2000~4000 元	4000~6000 元	6000 元及以上	
未上过学	人数	23	6	1	1	31
	比重	1.4	0.3	0.2	0.5	0.7
小学	人数	232	180	29	10	451
	比重	14.5	7.9	5.2	4.9	9.7
初中	人数	885	1214	244	59	2402
	比重	55.5	53.1	43.5	28.6	51.7
高中/中专	人数	293	539	149	40	1021
	比重	18.4	23.6	26.6	19.4	22.0
大学专科	人数	96	204	71	37	408
	比重	6.0	8.9	12.7	18.0	8.8
大学本科	人数	65	140	61	52	318
	比重	4.1	6.1	10.9	25.2	6.8

受教育程度	指标	月支出				合计
		0~2000元	2000~4000元	4000~6000元	6000元及以上	
研究生	人数	2	4	6	7	19
	比重	0.1	0.2	1.1	3.4	0.4
合计	人数	1596	2287	561	206	4650
	比重	100	100	100	100	100

五 分婚姻状况月支出水平

由表5-31可知，在吉林省月支出为0~2000元水平的流出人口中，未婚群体占比为30.2%；在2000~4000元水平，占比为17.1%；在4000~6000元水平，占比为11.6%；在6000元及以上水平，占比为7.8%。

初婚群体在月支出为0~2000元水平的流出人口中的占比为59.0%；在2000~4000元水平，占比为77.9%；在4000~6000元水平，占比为83.1%；在6000元及以上水平，占比为88.8%。

再婚群体在月支出为0~2000元水平的流出人口中的占比为2.2%；在2000~4000元水平，占比为1.9%；在4000~6000元水平，占比为2.9%；在6000元及以上水平，占比为1.5%。

离婚群体在月支出为0~2000元水平的流出人口中的占比为6.3%；在2000~4000元水平，占比为2.5%；在4000~6000元水平，占比为2.1%；在6000元及以上水平，占比为1.0%。

丧偶群体在月支出为0~2000元水平的流出人口中的占比为2.4%；在2000~4000元水平，占比为0.6%；在4000~6000元水平，占比为0.4%；在6000元及以上水平，占比为1.0%。

表5-31 吉林省流出人口分婚姻状况月支出情况

单位：人，%

婚姻状况	指标	月支出				合计
		0~2000元	2000~4000元	4000~6000元	6000元及以上	
未婚	人数	482	391	65	16	954
	比重	30.2	17.1	11.6	7.8	20.5

婚姻状况	指标	月支出				合计
		0~2000 元	2000~4000 元	4000~6000 元	6000 元及以上	
初婚	人数	941	1781	466	183	3371
	比重	59.0	77.9	83.1	88.8	72.5
再婚	人数	35	43	16	3	97
	比重	2.2	1.9	2.9	1.5	2.1
离婚	人数	100	58	12	2	172
	比重	6.3	2.5	2.1	1.0	3.7
丧偶	人数	38	14	2	2	56
	比重	2.4	0.6	0.4	1.0	1.2
合计	人数	1596	2287	561	206	4650
	比重	100	100	100	100	100

六 分户口类型月支出水平

由表 5-32 可知,在吉林省月支出为 0~2000 元水平的流出人口中,农业户口群体占比为 79.4%;在 2000~4000 元水平,占比为 73.1%;在 4000~6000 元水平,占比为 64.0%;在 6000 元及以上水平,占比为 48.5%。

非农业户口群体,在月支出为 0~2000 元水平的流出人口中的占比为 20.6%;在 2000~4000 元水平,占比为 26.9%;在 4000~6000 元水平,占比为 36.0%;在 6000 元及以上水平,占比为 51.5%。

综上可知,无论是农业户口群体还是非农业户口群体,其月支出水平均主要在 4000 元及以下。但是农业户口群体在月支出为 0~2000 元和 2000~4000 元的流出人口中占比超过 70%。

表 5-32　吉林省流出人口分户口类型月支出情况

单位：人,%

户口类型	指标	月支出				合计
		0~2000 元	2000~4000 元	4000~6000 元	6000 元及以上	
农业	人数	1268	1672	359	100	3399
	比重	79.4	73.1	64.0	48.5	73.1
非农业	人数	328	615	202	106	1251
	比重	20.6	26.9	36.0	51.5	26.9
合计	人数	1596	2287	561	206	4650
	比重	100	100	100	100	100

七　分流动范围月支出水平

由表 5-33 可知，在吉林省月支出为 0~2000 元水平的流出人口中，跨省流动群体占比为 37.7%；在 2000~4000 元水平，占比为 32.1%；在 4000~6000 元水平，占比为 44.4%；在 6000 元及以上水平，占比为 70.9%。

省内跨市群体在月支出为 0~2000 元水平的流出人口中的占比为 35.7%；在 2000~4000 元水平，占比为 38.2%；在 4000~6000 元水平，占比为 34.9%；在 6000 元及以上水平，占比为 20.9%。

市内跨县群体在月支出为 0~2000 元水平的流出人口中的占比为 26.6%；在 2000~4000 元水平，占比为 29.8%；在 4000~6000 元水平，占比为 20.7%；在 6000 元及以上水平，占比为 8.3%。

综上，无论流动范围如何，吉林省流出人口的月支出水平普遍低于 4000 元。另外，与其他流动群体相比，跨省流动群体的月支出水平较高。

表 5-33　吉林省流出人口分流动范围月支出情况

单位：人,%

流动范围	指标	月支出				合计
		0~2000 元	2000~4000 元	4000~6000 元	6000 元及以上	
跨省流动	人数	602	733	249	146	1730
	比重	37.7	32.1	44.4	70.9	37.2

流动范围	指标	月支出				合计
		0~2000 元	2000~4000 元	4000~6000 元	6000 元及以上	
省内跨市	人数	569	873	196	43	1681
	比重	35.7	38.2	34.9	20.9	36.2
市内跨县	人数	425	681	116	17	1239
	比重	26.6	29.8	20.7	8.3	26.6
合计	人数	1596	2287	561	206	4650
	比重	100	100	100	100	100

八 分流动时长月支出水平

由表 5-34 可知，在吉林省月支出为 0~2000 元水平的流出人口中，流动时长为 0~2 年的群体占比为 31.3%；在 2000~4000 元水平，占比为 27.3%；在 4000~6000 元水平，占比为 27.1%；在 6000 元及以上水平，占比为 23.8%。

流动时长为 2~6 年的群体，在月支出为 0~2000 元水平的流出人口中的占比为 37.0%；在 2000~4000 元水平，占比为 44.9%；在 4000~6000 元水平，占比为 42.1%；在 6000 元及以上水平，占比为 35.9%。

流动时长为 6~10 年的群体，在月支出为 0~2000 元水平的流出人口中的占比为 16.0%；在 2000~4000 元水平，占比为 15.1%；在 4000~6000 元水平，占比为 17.6%；在 6000 元及以上水平，占比为 22.8%。

流动时长为 10 年及以上的群体，在月支出为 0~2000 元水平的流出人口中的占比为 15.7%；在 2000~4000 元水平，占比为 12.7%；在 4000~6000 元水平，占比为 13.2%；在 6000 元及以上水平，占为比 17.5%。

综上，在吉林省流出人口中，无论流动时长如何，其月支出水平主要在 4000 元以下。

表 5-34　吉林省流出人口分流动时长月支出情况

单位：人,%

流动时长	指标	月支出				合计
		0~2000 元	2000~4000 元	4000~6000 元	6000 元及以上	
0~2年	人数	500	624	152	49	1325
	比重	31.3	27.3	27.1	23.8	28.5
2~6年	人数	590	1028	236	74	1928
	比重	37.0	44.9	42.1	35.9	41.5
6~10年	人数	256	345	99	47	747
	比重	16.0	15.1	17.6	22.8	16.1
10年及以上	人数	250	290	74	36	650
	比重	15.7	12.7	13.2	17.5	14.0
合计	人数	1596	2287	561	206	4650
	比重	100	100	100	100	100

九　分流动原因月支出水平

由表 5-35 可知,在吉林省月支出为 0~2000 元水平的流出人口中,因务工经商而流出的群体占比为 77.4%;在 2000~4000 元水平,占比为79.4%;在 4000~6000 元水平,占比为 81.3%;在 6000 元及以上水平,占比为 84.5%。

因随迁而流出的群体,在月支出为 0~2000 元水平的流出人口中的占比为 13.7%;在 2000~4000 元水平,占比为 15.4%;在 4000~6000 元水平,占比为 13.4%;在 6000 元及以上水平,占比为 9.7%。

因其他原因而流出的群体,在月支出为 0~2000 元水平的流出人口中的占比为 8.8%;在 2000~4000 元水平,占比为 5.2%;在 4000~6000 元水平,占比为 5.3%;在 6000 元及以上水平,占比为 5.8%。

综上,在吉林省流出人口中,不论何种原因,流动群体月支出水平普遍较低。

表 5-35 吉林省流出人口分流动原因月支出情况

单位：人，%

流动原因	指标	月支出				合计
		0~2000 元	2000~4000 元	4000~6000 元	6000 元及以上	
务工经商	人数	1236	1816	456	174	3682
	比重	77.4	79.4	81.3	84.5	79.2
家属随迁	人数	219	353	75	20	667
	比重	13.7	15.4	13.4	9.7	14.3
其他原因	人数	141	118	30	12	301
	比重	8.8	5.2	5.3	5.8	6.5
合计	人数	1596	2287	561	206	4650
	比重	100	100	100	100	100

十 居民健康档案建立情况与月支出水平

由表 5-36 可知，在吉林省月支出为 0~2000 元水平的流出人口中，已建立居民健康档案的群体占比为 27.9%；在 2000~4000 元水平，占比为 30.0%；在 4000~6000 元水平，占比为 31.9%；在 6000 元及以上水平，占比为 23.8%。

未建立居民健康档案的群体，在吉林省月支出为 0~2000 元水平的流出人口中的占比为 72.1%；在 2000~4000 元水平，占比为 70.0%；在 4000~6000 元水平，占比为 68.1%；在 6000 元及以上水平，占比为 76.2%。

综上，无论居民健康档案建立与否，吉林省流出人口的月支出水平主要集中在 4000 元及以下。其中，在月支出为 6000 元及以上的流出人口中，未建居民健康档案的群体占比最高。

表 5-36 吉林省流出人口健康档案与月支出情况

居民健康档案	指标	月支出				合计
		0~2000 元	2000~4000 元	4000~6000 元	6000 元及以上	
已建	人数	445	687	179	49	1360
	比重	27.9	30.0	31.9	23.8	29.2

续表

居民健康档案	指标	月支出				合计
		0~2000 元	2000~4000 元	4000~6000 元	6000 元及以上	
未建	人数	1151	1600	382	157	3290
	比重	72.1	70.0	68.1	76.2	70.8
合计	人数	1596	2287	561	206	4650
	比重	100	100	100	100	100

第五节　家庭月收入水平的影响因素分析

通过简单的描述性分析可知，家庭月收入的范围是 0~90000 元，将其分为 4 组，具体为 0~4000 元、4000~8000 元、8000~12000 元、12000 元及以上。其中多数样本位于前两组，占比分别是 42.73% 和 46.13%。此外家庭月收入均值为 5471 元。

由于家庭月收入的分类存在高低和大小顺序，因此可以采用有序 logistic 回归方法进行分析，结果见表 5-37。

一　人口学特征因素分析

由表 5-37 可知，年龄、婚姻状况、户口类型三个变量均通过显著性检验，其中受教育程度变量中，大学本科和研究生变量均通过显著性检验，且回归系数大于 1。但随着其他变量的引入，从模型一到模型三，受教育程度对月收入的正向影响程度逐渐降低。

在其他条件相同的情况下，年龄每增加一岁，则家庭月收入更高的发生比降低了 3% 左右，说明年龄与家庭月收入呈负相关关系，即年龄越大，家庭月收入可能越低。随着流动特征和就业特征的引入，年龄变量的发生比变化不明显，说明家庭月收入对年龄的变化不敏感。

在婚姻状况变量中，在控制其他变量的条件下，单身状态的流出人口在家庭月收入中处于更高分组的发生比是在婚状态流出人口的 0.198 倍。这说明在婚状态的流出人口获得更高家庭月收入的可能性更高。

在户口类型变量中，在控制其他变量的条件下，农业户口的流出人口在家庭月收入中处于更高分组的发生比是非农业户口流出人口的 0.611 倍。说明非农业户口类型的流出人口获得更高家庭月收入的可能性更大。

在受教育程度变量中，随着受教育程度的提高，流出人口的家庭月收入处于更高分组的可能性也越高。以研究生为例，在控制其他变量的条件下，研究生学历的流出人口在家庭月收入中处于更高分组的发生比是未上过学的流出人口的 17.037 倍。此外大学本科学历流出人口的发生比是未上过学流出人口的 6.340 倍，大学专科学历流出人口发生比是未上过学流出人口的 3.925 倍。

表 5-37 家庭月收入有序 logistic 回归结果

变量	模型一	模型二	模型三
	Odds 1	Odds 2	Odds 3
年龄	0.970 ***	0.971 ***	0.976 ***
受教育程度（未上过学）			
小学	1.289	1.232	1.046
初中	1.771	1.804	1.617
高中/中专	2.260	2.250	1.933
大学专科	3.925 **	3.816 **	3.294
大学本科	6.340 ***	5.628 ***	4.732 *
研究生	17.037 ***	10.647 ***	10.581 **
婚姻状况（在婚）	0.198 ***	0.200 ***	0.159 ***
户口类型（非农业）	0.611 ***	0.683 ***	0.708 ***
流入地区（吉林）			
黑辽		1.205 *	1.169
东部		3.043 ***	2.779 ***
中部		1.579 *	1.086
西部		3.128 ***	1.993 **
流动原因（务工经商）			
家属随迁		0.751 ***	1.294
其他原因		0.722 *	1.261

续表

变量	模型一	模型二	模型三
	Odds 1	Odds 2	Odds 3
流动时长（2 年以下）			
2~6 年		1.249 **	1.242 **
6~10 年		1.458 ***	1.363 **
10 年及以上		1.123	1.118
职业类型（管理者及办事员）			
专业技术人员			0.922
商业服务业人员			0.630 *
生产运输人员			0.482 **
无固定职业者			0.227 ***
单位性质（机关团体）			
国有企业			2.356 ***
外资企业			2.621 ***
民营集体			2.022 **
工商个体			1.478
就业身份（雇员）			
雇主			4.684 ***
自营劳动者			1.873 ***
其他			0.998
LR chi2（n）	774.53	1014.37	1010.49
Prob > chi2	0.000	0.000	0.000
pseudo R^2	0.080	0.105	0.136
N	4650	4650	3526

注：***、**、和 * 分别表示在 1%、5% 和 10% 的水平上显著。

二　流动特征因素分析

模型二在模型一的基础上，引入流动特征相关变量。经检验发现，流入地区变量、流动原因变量和流动时长变量基本通过显著性检验。

在流入地区变量中，在控制其他变量的条件下，流入西部地区的人口在家庭月收入中处于更高分组的发生比是流入地区为吉林省的人口的

3.128 倍。流入中部地区的人口在家庭月收入中处于更高分组的发生比是流入地区为吉林省的人口的 1.579 倍。流入东部地区的人口在家庭月收入中处于更高分组的发生比是流入地区为吉林省的人口的 3.043 倍。流入地区为黑龙江省和辽宁省的人口在家庭月收入中处于更高分组的发生比是流入地区为吉林省的人口的 1.205 倍。这说明东北地区的收入虽然差别不大,但其他地区仍比在吉林省的收入水平要高。

在流动原因变量中,在控制其他变量的条件下,流动原因为家属随迁的流出人口在家庭月收入中处于更高分组的发生比是流动原因为务工经商的流出人口的 0.751 倍。流动原因为其他的流出人口在家庭月收入中处于更高分组的发生比是流动原因为务工经商的流出人口的 0.722 倍。这说明,以务工经商为流动原因的流出人口可能获得更高的家庭月收入。

在流动时长变量中,在控制其他变量的条件下,流动时长为 2~6 年的流出人口在家庭月收入中处于更高分组的发生比是流动时长为 2 年以下流出人口的 1.249 倍。流动时长为 6~10 年的流出人口在家庭月收入中处于更高分组的发生比是流动时长为 2 年以下流出人口的 1.458 倍。这说明流动时长与家庭月收入水平之间呈正相关关系,即流动时间越长,则流出人口的家庭月收入水平处于更高分组的可能性越高。但这一结论在 10 年及以上流出人口中并不显著。

三 经济因素分析

模型三在模型二的基础上,引入社会经济特征相关变量。经检验发现,职业类型变量、单位性质变量和就业身份变量大部分通过显著性检验。

在职业类型变量中,以管理者及办事员为参照,商业服务业人员、生产运输人员、无固定职业者变量均通过显著性检验,而专业技术人员变量未通过显著性检验。具体而言,在控制其他变量的条件下,职业类型为商业服务业人员的流出人口在家庭月收入中处于更高分组的发生比是职业类型为管理者及办事员的流出人口的 0.630 倍。职业类型为生产运输人员的流出人口在家庭月收入中处于更高分组的发生比是职业类型为管理者及办事员的流出人口的 0.482 倍。职业类型为无固定职业者的流出人口在家庭月收入中处于更高分组的发生比是职业类型为管理者及办事员的流出人口的 0.227 倍。这表明，职业类型为管理者及办事员的流出人口的家庭月收入处于更高分组的可能性更大。

在单位性质变量中，以机关团体为参照，国有企业、外资企业、民营集体均通过显著性检验，而工商个体未通过显著性检验。具体而言，在控制其他变量的条件下，单位性质为国有企业的流出人口在家庭月收入中处于更高分组的发生比是单位性质为机关团体的流出人口的 2.356 倍。单位性质为外资企业的流出人口在家庭月收入中处于更高分组的发生比是单位性质为机关团体的流出人口的 2.621 倍。单位性质为民营企业与集体企业的流出人口在家庭月收入中处于更高分组的发生比是单位性质为机关团体的流出人口的 2.022 倍。这表明，流出人口无论是就职于国有企业、外资企业还是民营企业与集体企业，其家庭月收入均比就职于机关团体的流出人口高。

在就业身份变量中，以雇员为参照，雇主和自营劳动者均通过显著性检验，而其他就业身份者未通过显著性检验。具体而言，在控制其他变量的条件下，就业身份为雇主的流出人口在家庭月收入中处于更高分组的发生比是就业身份为雇员的流出人口的 4.684 倍。就业身份为自营劳动者的流出人口在家庭月收入中处于更高分组的发生比是就业身份为雇员的流出人口的 1.873 倍。这表明，相比于就业身份为雇员的流出人口，就业身份为雇主的流出人口的家庭月收入在更高分组的可能性最高，其次为就业身份为自营劳动者的流出人口。

第六节　家庭月支出水平的影响因素分析

通过简单的描述性分析可知，家庭月支出的范围是 150～20000 元。本节将月支出分为 4 组，具体为 0～2000 元、2000～4000 元、4000～6000 元、6000 元及以上。其中 2000～4000 元组的样本量占比接近一半（49.18%），其次是 0～2000 元组，占比为 34.32%，二者累计占比超过八成（83.50%）。此外家庭月支出均值为 3079 元。

由于家庭月支出存在高低和大小顺序，因此可以采用有序 logistic 回归方法进行分析，结果见表 5-38。

一 人口学特征因素分析

由表 5-38 可知,年龄、婚姻状况、户口类型三个变量均通过显著性检验,且回归系数均小于 1。受教育程度变量中的初中及以上学历水平均通过显著性检验,且回归系数均大于 1。从模型一到模型三,年龄、婚姻状况、户口类型的系数变化均不大,而受教育程度变量系数的变化明显,说明家庭月支出对受教育程度的变化更敏感。

具体而言,在其他条件不变的情况下,年龄每增加一岁,则家庭月支出处于更高分组的发生比降低了 2.8%。这说明年龄与家庭月支出呈负相关关系,即年龄越大,家庭月支出可能越低。在模型三中,这种可能性降低了 2.3%。

在婚姻状况变量中,在控制其他变量的条件下,单身状态的流出人口在家庭月支出中处于更高分组的发生比是在婚状态的流出人口的 0.231 倍,说明在婚状态的流出人口处于更高家庭月支出水平的可能性更高。

在户口类型变量中,在控制其他变量的条件下,农业户口的流出人口在家庭月支出中处于更高分组的发生比是非农业户口流出人口的 0.617 倍。说明非农业户口的流出人口处于更高家庭月支出的可能性更高。

在受教育程度变量中,随着受教育程度的提高,流出人口的家庭月支出处于更高分组的可能性也越高。以研究生为例,在控制其他变量的条件下,研究生学历的流出人口在家庭月支出中处于更高分组的发生比是未上过学的流出人口的 38.703 倍,而大学本科学历的流出人口在家庭月支出中处于更高分组的发生比是未上过学的流出人口的 9.034 倍。这说明,受教育程度越高,消费能力越高,消费也更多。

表 5-38 家庭月支出 logistic 回归结果

变量	模型一	模型二	模型三
	Odds 1	Odds 2	Odds 3
年龄	0.972 ***	0.974 ***	0.977 ***
受教育程度(未上过学)			
小学	2.052	1.932	6.216 *
初中	2.860 *	2.753 *	8.876 **

续表

变量	模型一	模型二	模型三
	Odds 1	Odds 2	Odds 3
高中/中专	4.092 **	3.930 **	12.330 **
大学专科	6.099 ***	5.756 ***	17.630 ***
大学本科	9.034 ***	8.187 ***	25.437 ***
研究生	38.703 ***	29.750 ***	111.875 ***
婚姻状况（在婚）	0.231 ***	0.240 ***	0.212 ***
户口类型（非农业）	0.617 ***	0.651 ***	0.670 ***
流入地区（吉林）			
黑辽		0.929	0.858
东部		1.633 ***	1.418 ***
中部		1.290	0.893
西部		1.781 **	1.179
流动原因（务工经商）			
家属随迁		1.046	1.557 **
其他原因		0.745 *	1.024
流动时长（2年以下）			
2~6年		1.231 **	1.291 **
6~10年		1.240 *	1.268 *
10年及以上		1.220 *	1.456 **
职业类型（管理者及办事员）			
专业技术人员			0.909
商业服务业人员			0.753
生产运输人员			0.455 ***
无固定职业者			0.376 ***
单位性质（机关团体）			
国有企业			1.817 *
外资企业			2.103 **
民营集体			1.484 *
工商个体			1.265
就业身份（雇员）			
雇主			3.067 ***

变量	模型一	模型二	模型三
	Odds 1	Odds 2	Odds 3
自营劳动者			1.865 ***
其他			0.878
LR chi2（n）	731.50	793.86	810.05
Prob > chi2	0.000	0.000	0.000
pseudo R²	0.071	0.077	0.102
N	4650	4650	3526

注：***、**和*分别表示在1%、5%和10%的水平上显著。

二 流动特征因素分析

模型二在模型一的基础上，引入流动特征相关变量。经检验发现，流入地区变量、流动原因变量和流动时长变量大部分通过显著性检验。

在流入地区变量中，在控制其他变量的条件下，流入西部地区的人口在家庭月支出中处于更高分组的发生比是流入地区为吉林省的人口的1.781倍。流入东部地区的流出人口在家庭月支出中处于更高分组的发生比是流入地区为吉林省的人口的1.633倍。此外，流入中部地区和黑龙江省和辽宁省的变量未通过显著性检验。这表明，流入地区为吉林省的人口的家庭月支出水平相对较低。

在流动原因变量中，在控制其他变量的条件下，流动原因为家属随迁的流出人口在家庭月支出中处于更高分组的发生比是流动原因为务工经商的流出人口的1.046倍，但该变量未通过显著性检验。流动原因为其他的流出人口在家庭月支出中处于更高分组的发生比是流动原因为务工经商的流出人口的0.745倍。

在流动时长变量中，在控制其他变量的条件下，流动时长为2~6年的流出人口在家庭月支出中处于更高分组的发生比是流动时长为2年以下的流出人口的1.231倍。流动时长为6~10年的流出人口在家庭月支出中处于更高分组的发生比是流动时长为2年以下的流出人口的1.240倍。流动时长为10年及以上的流出人口在家庭月支出中处于更高分组的发生比是流入时长为 2 年以下的流出人口的 1.220 倍。

三　经济因素分析

模型三在模型二的基础上，引入社会经济特征相关变量。经检验发现，职业类型变量、单位性质变量和就业身份变量大部分通过显著性检验。

在职业类型变量中，以管理者及办事员为参照，生产运输人员、无固定职业者变量均通过显著性检验，而专业技术人员和商业服务业人员变量均未通过显著性检验。具体而言，在控制其他变量的条件下，职业类型为生产运输人员的流出人口在家庭月支出中处于更高分组的发生比是职业类型为管理者及办事员的流出人口的 0.455 倍。职业类型为无固定职业者的流出人口在家庭月支出中处于更高分组的发生比是职业类型为管理者及办事员的流出人口的 0.376 倍。这表明，职业类型为管理者及办事员的流出人口的家庭月支出水平在更高分组的可能性更大。

在单位性质变量中，以机关团体为参照，国有企业、外资企业、民营集体变量均通过显著性检验，而工商个体变量未通过显著性检验。具体而言，在控制其他变量的条件下，单位性质为国有企业的流出人口在家庭月支出中处于更高分组的发生比是单位性质为机关团体的流出人口的 1.817 倍。单位性质为外资企业的流出人口在家庭月支出中处于更高分组的发生比是单位性质为机关团体的流出人口的 2.103 倍。单位性质为民营企业与集体企业的流出人口在家庭月支出中处于更高分组的发生比是单位性质为机关团体的流出人口的 1.484 倍。这表明，无论是就职于国有企业、外资企业还是民营企业与集体的流出人口，均比就职于机关团体的流出人口的家庭月支出水平更高。

在就业身份变量中，以雇员为参照，雇主和自营劳动者变量均通过显著性检验，而其他就业身份变量未通过显著性检验。具体而言，在控制其他变量的条件下，就业身份为雇主的流出人口在家庭月支出中处于更高分组的发生比是就业身份为雇员的流出人口的 3.067 倍。就业身份为自营劳动者的流出人口在家庭月支出中处于更高分组的发生比是就业身份为雇员的流出人口的 1.865 倍。这表明，相比于就业身份为雇员的流出人口，就业身份为雇主的流出人口的家庭月支出水平处于更高分组的可能性最高，其次为就业身份为自营劳动者的流出人口。

第六章

东北地区劳动力供给分析

第一节　东北地区劳动力供给情况

近年来，由于生育率和死亡率的不断降低，少子化和人口老龄化成为公众持续关注的问题。随着我国生育政策的调整，部分省份的人口保持正增长，但是全面二孩政策仍未达到预期。根据中国统计年鉴数据，2018 年我国出生人口降至 1523 万人，较 2017 年减少 200 万，出生率降至 10.94‰，较 2017 年降低 2.49 个千分点，无论是出生人口数量还是出生率均降低。此外，总和生育率降至 1.52，即一个育龄妇女平均生育 1.52 个孩子，远低于人口替代水平。我国全面二孩政策实施以来，2016 年出生人口提高至 1786 万，但随后连续两年下滑，政策效应逐渐消退。

人口老龄化是社会发展的必然趋势，随着我国社会经济的快速发展、人民生活水平的提高以及生育成本的增加，我国生育水平在相对较短的时间内急剧下降，人口老龄化速度加快。2001～2010 年，65 岁及以上老年人口占比年均增加 0.2 个百分点，2011～2018 年，65 岁及以上老年人口占比年均增加约 0.4 个百分点。2018 年我国 65 岁及以上人口为 16658 万，较 2017 年增加 827 万，65 岁及以上老年人口占比为 11.9%，较 2017 年上升 0.5 个百分点。穆光宗、张团（2011）预测，2015～2035 年，65 岁及以上老年人口占比将达到 20%，在此之后，老年人口将占我国总人口的 1/5 到 1/4。王伟、岳博（2019）预测，2040 年 65 岁及以上老年人口将达到 3.7 亿人。这种情况将大大增加养老压力，我国社会养老保障体系也将面临巨大的挑战。此外，2019 年中国 65 岁及以上老年人口占比达 12.6%，人均 GDP 仅 1 万美元，与同样面临老龄化问题的发达国家相比，"未富先老" 问题突出。

而在实施全面二孩政策之后，东北地区人口出生率仍然维持在超低水平，老年人口比重快速攀升、人口净流出现象持续存在，少子化与老龄化（以下简称少子老龄化）问题相比全国更加突出。因此，研究东北地区少子老龄化背景下的劳动力问题对于我国未来劳动力市场发展具有一定的借鉴意义。

东北地区工业化起步早、计划生育推行力度大、少子老龄化程度高。根据 2010 年第六次全国人口普查的数据，辽宁省、黑龙江省、吉林省的总和生育率分别为 0.74、0.75、0.76，远低于 2.1 的更替水平，仅高于北京市、上海市。根据《社会蓝皮书：2016 年中国社会形势分析与预测》，东北地区的生育意愿仅为 1.76 个，显著低于其他地区。中国统计年鉴数据显示，东北地区出生率已经连续三年垫底。不仅如此，东北地区与其他国家或地区相比较，少子老龄化问题更加突出。在经济持续低迷的情况下，如果不能改善东北地区的生育问题，少子化的问题将成为振兴东北老工业基地的绊脚石。

与此同时，由于超低生育率、预期寿命的延长以及年轻劳动力流失，东北地区的老龄化速度快、程度高，明显高于我国平均水平。东北地区 65 岁及以上老年人口占总人口的比重从 2000 年的 6.6% 上升到 2018 年的 13.4%，而全国从 7.0% 上升到 11.9%，其中，辽宁省、吉林省、黑龙江省分别从 7.9%、6.0%、5.6% 上升到 15.0%、12.4%、12.2%。在众多学者预测我国未来将面临严重的人口老龄化问题的背景下，东北地区的形势更加不容乐观。严重的老龄化程度将加重家庭的养老压力，还将加大财政负担，制约经济增长，带来一系列经济问题。2018 年辽宁省、吉林省、黑龙江省养老金抚养比（在职人数/退休人数）分别为 1.53、1.42、1.27，远低于全国的 2.55。这表明全国每 2.6 个在职员工供养 1 个退休老人，而东北地区每 1.5 个在职员工供养 1 个退休老人，在经济本就低迷的背景下，在职员工承担更大的压力。从 2013 年黑龙江省城镇职工基本养老保险基金开始入不敷出以来，辽宁省、吉林省的城镇职工基本养老保险基金从 2015

年开始也入不敷出。2016 年黑龙江省的累计结余转负，2018 年辽宁省、吉林省的累计结余也仅足以支付 2.8、5.2 个月，远低于全国的 13.8 个月。因此，解决东北地区的老龄化问题，不仅是东北地区的当务之急，对于未来解决全国性的老龄化问题也具有很强的借鉴意义。

由于新兴经济发展水平低，东北地区还面临着"用脚投票"的人口问题。东北地区的户籍人口于 2010 年陷入负增长，而常住人口也于 2015 年开始减少。东北地区经济衰落、民营企业相对落后，职工平均收入较低，对人才的吸引力不足。根据人口普查和抽样调查数据，1982~2018 年，黑龙江省、吉林省人口持续净流出，辽宁省由于经济相对较好，2010 年后人口开始净流出。1978~2018 年东北地区常住人口由 8673 万增加到 1.1 亿，但占我国的比重从 9.0% 降到了 7.8%。整体看来，东北地区人口流出规模还有不断扩大的趋势，而外流人口中，青壮年劳动力和高学历、骨干型人才占据了相当高的比重，这会导致经济发展失去劳动力支撑，社会创新活力不足，进而导致经济整体发展缓慢。

总而言之，在当前少子老龄化的大背景下，提高生育率与应对老龄化危机是东北地区乃至我国面临的重要问题。因此，准确把握东北地区劳动力供给变化特征，为完善人口发展战略和人口政策体系提供参考，对实现东北老工业基地全面振兴具有重大的现实意义。

第二节　东北地区少子化与老龄化现状

本章采用的研究方法如下。（1）定量分析法。对东北地区的少子老龄化、流出人口及经济活动人口的现状及历史情况进行描述性分析。在数据分析的基础上利用图表揭示人口的历史变化趋势，为后文的劳动力供给影响因素分析与劳动力供给预测提供参考。（2）因素分解法。将劳动力供给的影响因素分解为人口数量、人口结构和劳动参与率，以此分析 1990 年以来各个时期三者对东北地区劳动力供给的影响。（3）设置低、中、高三种方案，首先通过常用的人口预测软件 PADIS-INT 分别预测吉林省、辽宁省和黑龙江省 2020~2050 年的人口规模，然后加总得到东北地区的人口规模，最后结合同期劳动参与率预测东北地区 2020~2050 年的劳动力供给水平。本章的研究框架如图 6-1 所示。

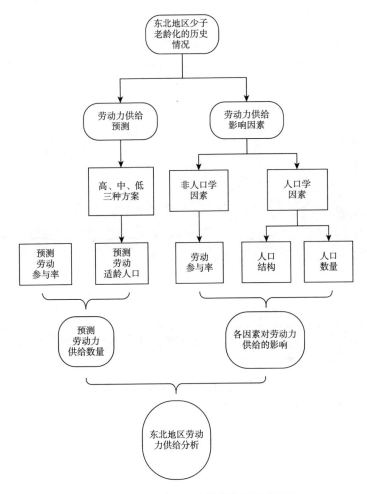

图 6-1 东北地区劳动力供给分析研究框架

一 生育水平的变化及其特点

整体来看，自 1990 年以来东北地区的出生率变化情况与全国相近，不过始终低于全国平均水平。东北地区的出生率在 1990～2003 年大幅下滑，2003 年至 2017 年维持在较低水平，波动幅度较小（见图 6-2）。分省份来看，吉林省和黑龙江省的下降幅度较为平稳，2003 年之前出生率普遍高于辽宁省,不过近年来明显低于辽宁省,只有全国平均水平的一半左右。辽宁省虽然近年来出生率略高于吉林省和黑龙江省,但是仍明显低于我国平均水平,且波动较为剧烈。2015年在全国各省份出生率排行中,吉林省、黑龙江省、辽宁省的出生率稍高于天津,处于倒数第二、第三、第四的位置。我国的超低出生率形势已经十分严重,而东北地区的出生率仅为全国平均水平的一半。

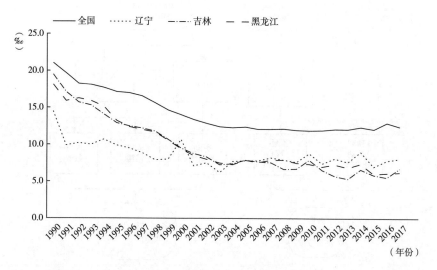

图6-2 东北地区生育率与全国出生率对比

资料来源:历年中国统计年鉴。

除了东北地区育龄妇女生育意愿低和出生人口数量少之外,少年儿童人口比重与少儿抚养比也能反映东北地区的少子化问题。如表6-1所示,1990年~2017年,我国0~14岁人口比重和少儿抚养比快速下降,而东北地区的下降幅度更大,速度更快。1990年东北地区的0~14岁人口比重和少儿抚养比与全国分别相差2.9和6.2个百分点,而2017年,差距分别扩大到5.6和8.7个百分点。虽然随着全面二孩政策的实施,东北地区2016年两项数据的表现有所好转,不过随着政策效应逐渐减弱,未来形势仍然不容乐观。

表 6-1 1990~2017 年我国与东北地区少年儿童人口比重与少儿抚养比

单位:%

年份	0~14 岁人口比重		少儿抚养比	
	全国	东北	全国	东北
1990	27.7	24.8	41.5	35.3
1991	27.7	25.4	41.8	36.6
1992	27.6	24.9	41.7	35.8
1993	27.2	23.1	40.7	32.3
1994	27.0	22.9	40.5	32.0
1995	26.6	22.4	39.6	31.2
1996	26.4	21.0	39.3	28.9
1997	26.0	20.2	38.5	27.4
1998	25.7	19.5	38.0	26.3
1999	25.4	19.5	37.5	26.3
2000	22.9	18.3	32.6	24.4
2001	22.5	18.0	32.0	24.0
2002	22.4	16.3	31.9	21.4
2003	22.1	15.9	31.4	20.6
2004	21.5	14.5	30.2	18.6
2005	20.3	14.5	28.1	18.7
2006	19.8	13.3	27.3	17.1
2007	19.4	13.1	26.8	16.9
2008	19.0	12.4	26.0	15.8
2009	18.5	11.8	25.3	15.0
2010	16.6	11.8	22.3	14.9
2011	16.5	11.8	22.1	15.0
2012	16.5	11.6	22.2	14.7
2013	16.4	11.4	22.2	14.4
2014	16.5	11.5	22.5	14.8
2015	16.5	11.1	22.6	14.3
2016	16.7	11.6	22.9	15.0
2017	16.8	11.2	23.4	14.7

资料来源:历年中国统计年鉴、辽宁省统计年鉴、吉林省统计年鉴、黑龙江省统计年鉴及《新中国六十年统计资料汇编》①。

二 东北地区人口老龄化现状

2000 年,我国 65 岁及以上老年人口比重达到 6.96%,标志着我国开

---

① 吉林省统计年鉴中,1990~2017 年分年龄人口数量的统计口径不同,因此吉林省部分分年龄人口数据来自吉林省国民经济和社会发展统计公报。所以,本部分东北地区少儿抚养比中 2003 年以前数据以及后文所涉及的 2003 年以前数据均来源于相应年份的黑龙江省统计年鉴和辽宁省统计年鉴。

始进入老龄化社会。根据《中国统计年鉴 2020》，2019 年末我国大陆总人口达到 140005 万人，其中 65 岁及以上人口 17603 万人，老年人口占总人口的比重达到 12.6%。2019 年，东北地区总人口 10793.7 万人，60 岁及以上人口 2422.8 万人，占总人口的 22.4%，65 岁及以上人口 1596.7 万人，占总人口的 14.8%。根据历年辽宁省统计年鉴、吉林省统计年鉴、黑龙江省统计年鉴及吉林省国民经济和社会发展统计公报的数据，得到 2003~2017 年东北地区总人口及老年人口的情况（如表 6-2 所示）。

表 6-2　2003~2017 年东北地区总人口及老年人口情况

单位：万人

年份	总人口	老年人口			
		总数	黑龙江省	辽宁省	吉林省
2003	10635.2	794.7	253.6	353.7	187.4
2004	10651.5	829.1	259.2	371.4	198.5
2005	10678.6	902.6	289.8	408.0	204.8
2006	10712.9	972.4	307.4	443.8	221.2
2007	10751.8	1031.5	344.2	449.8	237.5
2008	10781.6	1084.8	353.0	484.5	247.4
2009	10801.5	1090.9	362.7	486.5	241.7
2010	10808.9	985.4	318.9	438.4	228.1
2011	10815.5	1016.7	326.3	453.2	237.2
2012	10780.3	1023.7	340.9	473.7	209.1
2013	10751.5	1105.8	358.9	488.2	258.7
2014	10748.5	1170.8	385.6	513.5	271.7
2015	10703.8	1248.3	415.5	542.2	290.5
2016	10676.7	1299.5	440.7	571.7	287.1
2017	10601.0	1377.0	455.8	602.2	319.0

由表 6-2 可知，2003~2017 年，东北地区总人口下降了 34.2 万人，老年人口却增长了 582.3 万人，表明东北地区的老龄化程度在迅速加深。辽宁省、吉林省、黑龙江省老年人口涨幅分别达到 70.3%、70.2%、79.7%，东北地区总涨幅达到 73.3%。随着人民生活水平的不断提高，人口死亡率

不断下降，人口预期寿命不断增加，老年人口数量会增加更多，从而带来一系列社会经济问题。2003~2017 年我国与东北地区老年人口比重如图 6-3 所示。

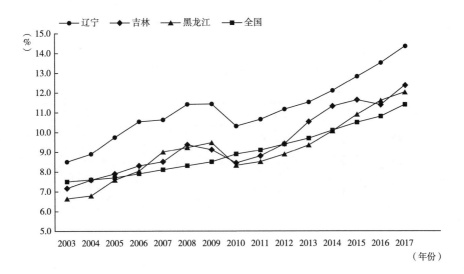

图 6-3　我国与东北地区老年人口比重

　　根据第五次全国人口普查数据，2000 年全国 65 岁及以上人口比重为 6.96%，东北地区的老年人口比重为 6.77%，略低于全国平均水平。由图 6-3 可知，2003 年东北地区老年人口比重接近全国平均水平，2014 年以后超过全国平均水平，且差距有不断扩大的趋势。根据辽宁省统计年鉴，辽宁省 65 岁及以上老年人口比重在 2000 年就已经超过了 7%，先于我国其他地区步入人口老龄化社会。2017 年辽宁省 65 岁及以上老年人口比重达到 14.35%，老年人口数量与 2000 年相比增长了 84.78%。同样，黑龙江省、吉林省老年人口比重也相继超过全国平均水平。2017 年，黑龙江省老年人口数占全省人口的 12.03%，吉林省老年人口数占全省人口的 12.20%，东北地区 65 岁以上老年人口数量占总人口的 13.0%，并且东北地区的老年人口总数还在持续增加，且增速有加快的趋势。

　　如表 6-3 所示，我国老年抚养比从 2000 年的 9.9% 上升到 2017 年的 15.9%。而东北地区 2000 年的老年抚养比只有 9.0%，低于全国平均水平，随后，东北地区的老年抚养比不断上升，虽然在 2010 年有所回落，不过之后便迅速升高。老年抚养比在一定程度上体现了一个国家或地区的劳动力负担程度，且东北地区的老年抚养比存在显著的低估现象。在生育率维持在较低水平的情况下，随着老年人口比重的不断升高，未来老年抚养比还会不断升高，将进一步加大劳动年龄人口的生活压力。

表 6-3 我国与东北地区老年抚养比

单位：%

年份	东北地区	全国
2000	9.0	9.9
2001	9.3	10.1
2002	9.5	10.4
2003	9.7	10.7
2004	10.0	10.7
2005	11.0	10.7
2006	11.7	11.0
2007	12.3	11.1
2008	12.9	11.3
2009	12.9	11.6
2010	11.5	11.9
2011	11.9	12.3
2012	12.6	12.7
2013	13.3	13.1
2014	14.3	13.7
2015	15.2	14.3
2016	16.0	15.0
2017	17.2	15.9

资料来源：历年中国统计年鉴。

人口老龄化已经成为影响国民经济进一步发展的重要因素，特别是对于处于振兴阶段的东北地区来说，只有充分分析东北三省的人口老龄化现状，才能了解东北三省当前的劳动力结构分布情况，进一步根据地区发展需求和发展特色，深入剖析东北地区劳动力供给存在的问题，并提出具有实际意义的发展对策。

三 少子化、老龄化与人口流出

少子老龄化是低死亡率、低生育率下新的平衡，是人类社会发展的必然趋势。从上文分析来看，我国东北地区少子化体现在生育率和生育意愿的下降，以及育龄女性规模相对缩小带来的出生率下降。除此之外，少年儿童人口比重与少儿抚养比的降低也凸显东北地区的少子化问题。老龄化一方面表现为老年人口总数与老年人口比重的增加，另一方面则是老年抚养比的不断上升。通过比较可以发现，东北地区的少子老龄化问题相比全国更加严重。少子老龄化将对东北老工业基地的振兴及未来的经济增长造成严重冲击。在世界发达国家通过移民政策引进青年劳动力以缓解劳动力供给不足的背景下，我国东北地区还面临着人口不断流出，尤其是青年劳动力不断流出的现象，这导致育龄人群的总量减少，进一步加剧东北地区人口结构失衡，加快少子老龄化进程。

如表 6-4 所示，根据第五次和第六次全国人口普查的数据，2000 年以来，只有辽宁省保持着人口净流入的人口流动趋势，但净流入人口的增长幅度很小。吉林省净流出人口从 2000 年的 30 万人增长到 2010 年的 91.6 万人，增幅超 200%。黑龙江省的情况同样严重，净流出人口从 78.7 万人增长到 204.7 万人，增幅超 160%，且其净流出人口规模更加庞大，接近东北地区人口净流出人口总量。可以看出东北地区人口流失现象相当严重，且目前东北地区人口依旧呈现流失趋势。

表 6-4 东北地区各省净流出人口

单位：万人

地区	普查数据		普查长表数据	
	2000 年	2010 年	1995~2005 年	2005~2010 年
辽宁省	-68.3	-77.3	-37.6	-49.5

续表

地区	普查数据		普查长表数据	
	2000 年	2010 年	1995~2005 年	2005~2010 年
吉林省	30	91.6	27.5	50.9
黑龙江省	78.7	204.7	63.8	114
东北地区	40.4	219.1	53.8	115.4

资料来源：第五次全国人口普查和第六次全国人口普查数据。

由普查数据可知，东北地区 2010 年净流出人口约为 2000 年的 5.4 倍。从普查长表数据（10%抽样）可看出，2005~2010 年东北地区净流出人口数为 115.4 万，约为 1995~2000 年的 2 倍。这进一步说明了东北地区净流出人口的规模在不断扩大。

通过区域流出和流入人口构成可以得到东北地区净流出人口占全国跨省流动人口的比重。如表 6-5 所示，2011 年以来东北地区净流出人口总量不断增加，从 2011 年的 194 万上升到 2014 年的 229 万，2014 年东北地区净流出人数明显增加，净流出速度加快。与此同时，东北地区净流出人口比重也在不断加大，从 2011 年的 2.19%上升到 2014 年的 2.43%。

表 6-5　2011~2014 年东北地区净流出人口情况

年份	东北净流出人口比重（%）	全国跨省流动总量（万人）	东北净流出人口（万人）
2011	2.19	8881	194
2012	2.24	9075	203
2013	2.25	9297	209
2014	2.43	9433	229

资料来源：历年中国流动人口发展报告。

除此以外，流出人口整体呈现年轻化、受教育水平高的特征。利用 2014 年流动人口动态监测数据进行的一项研究表明，东北地区的流出人口平均年龄明显低于区域内流动人口，略低于区域流入人口，只有 30.3 岁。流出人口的数量远远高于区域内流动人口和区域流入人口。从平均受教育年限来看，东北地区流出人口的平均受教育年限为 11 年，明显高于区域内流动人口和区域流入人口（见表6-6）。

表6-6　2014年东北地区人口流动情况

流动范围	平均年龄（岁）	人数（人）	平均受教育年限（年）	人数（人）
区域内流动	33.7	2018	9.2	1931
区域流出	30.3	10123	11.0	9068
区域流入	30.6	1881	9.1	1754

注：平均受教育年限统计的是6岁及以上人口的情况。

资料来源：姜玉、刘鸿雁、庄亚儿：《东北地区流动人口特征研究》，《人口学刊》2016年第6期，第37~45页。

虽然近年来流入东北地区的人口总数有所增加，但是东北地区流出人口的数量依然远远大于流入人口的数量，而且人口流动呈现加速流出的状态，尤其是年轻劳动力更加倾向于走出东北地区。劳动年龄人口的流失，同样导致育龄妇女人数的减少，进一步导致东北地区人口结构失衡，加重了东北地区的少子老龄化问题。东北地区还需要进一步提高对高素质人才的吸引力，使更多的人才流入东北地区，降低人口净流出量。

第三节　东北地区劳动力供给影响因素

一　经济活动人口的数量与结构分析

为分析东北地区近年来经济活动人口总量的变化规律，参照辽宁省统计年鉴、黑龙江省统计年鉴、吉林省统计年鉴和中国人口和就业统计年鉴，选取1990~2017年就业人员与城镇登记失业人员两项数据，通过相加得到东北地区经济活动人口数量指标，以1990年为基数，以5年为变化时段（2017年单独统计），分别统计1990年、1995年、2000年、2005年、2010年、2015年、2017年经济活动人口，并分别计算相对于上一个参考年份经济活动人口的增长情况。同时，根据中国统计年鉴，选取经济活动人口指标，同样统计我国经济活动人口状况进行对比。

由表6-7和图6-4所示，总体来看，东北地区经济活动人口总数的变化与全国的变化趋势相近。我国巨大的人口基数带来的人口正增长惯性依然发挥作用，经济活动人口数量还在持续增长，但是增长速度持续放缓。

表 6-7　全国与东北地区经济活动人口数量

年份	东北地区经济活动人口数量（万人）	东北地区经济活动人口增速（%）	全国经济活动人口数量（万人）	全国经济活动人口增速（%）
1990	4549	—	65323	—
1995	4917	8.1	68855	5.5
2000	4906	-0.2	73992	7.5
2005	5227	6.5	76120	2.9
2010	5660	8.3	78388	3.0
2015	6015	6.3	80091	2.2
2017	5893	-2.0	80686	0.7

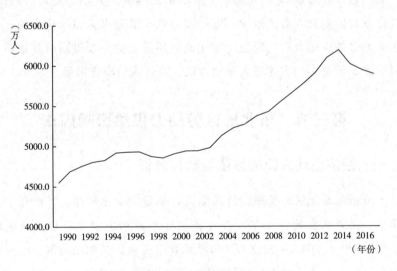

图 6-4　东北地区经济活动人口数量

　　从经济活动人口增速来看，除了 20 世纪 90 年代末期的下岗潮带来经济活动人口的负增长以外，东北地区 1990 年以来整体的经济活动人口增长速度高于全国，不过 2015 年之后开始断崖式下跌，由正增长转变为负增长。究其原因，一方面，东北地区长期的低生育水平累积起来的巨大的负增长惯性正在发挥巨大作用，人口红利消失殆尽，经济活动人口的减少；另一方面，东北地区近年来不断恶化的经济状况与就业环境，加剧了劳动年龄人口的流出，进一步导致了经济活动人口的减少。

　　生育率持续低迷、预期寿命延长也带来经济活动人口结构的变化。我们选取 1990 年为参考年份，根据历年辽宁省统计年鉴、黑龙江省统计年鉴、吉林省国民经济和社会发展统计公报的数据（由于吉林省统计年鉴中年龄结构的统计口径不同，故本节利用该省国民经济和社会发展统计公报的数据；同时由于数据缺失，不分析 2002 年之前吉林省人口年龄结构），分析各个年龄段人口比重的变化情况，如图 6-5 所示。

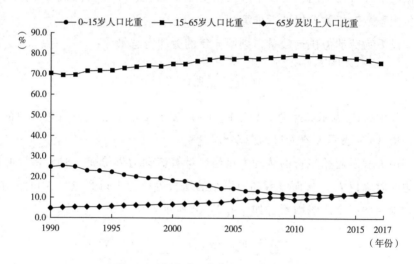

图 6-5　东北地区各年龄段人口比重

　　自计划生育政策实施以来，东北地区的人口结构发生了重大变化，0~15 岁人口比重迅速降低；65 岁及以上人口比重上升趋势稳定；15~65 岁劳动年龄人口的比重也从 2010 年开始下降。2015~2017 年，65 岁及以上人口比重近两年已超过 0~15 岁人口比重。

　　以上分析表明，自计划生育政策实施以来，东北地区逐渐进入了低生育率阶段，总体经济活动人口的负增长惯性已经对冲掉正增长惯性的作用，先于全国进入负增长阶段。与此同时，由生育率下降带来的人口老龄化程度加重、劳动年龄人口占比下降等问题也显现出来。东北地区日益严峻的少子老龄化状况、劳动年龄人口的大幅减少以及人口结构的老龄化，是现在以及将来东北振兴过程中必须面对的问题。

二 劳动力供给影响因素的因式分解

劳动力供给与人口数量、人口年龄结构和劳动参与率密切相关。从之前的分析来看，少子老龄化不仅影响人口年龄结构，导致劳动年龄人口比重下降，还影响劳动年龄人口的劳动参与率，对劳动力供给产生了巨大的影响。本部分运用因式分解法，对我国东北地区各个时期人口数量、人口年龄结构和劳动参与率对劳动力供给变化的影响进行分析。由于不同省份数据的统计口径不同，所以本节根据历年中国统计年鉴中的人口年龄构成或负担系数对相关数据进行推算。

设 L 为劳动力供给数量，则第 n 年的劳动力总量为：

$$L_n = P_n \sum_{x=15}^{64} W_n(x) R_n(x) \tag{4.1}$$

其中，P_n 表示 n 年总人口，$W_n(x)$ 表示 x 岁年龄人口占总人口的比重，$R_n(x)$ 表示 x 岁人口的劳动参与率。

用 L 表示起始年份的劳动力供给，计算劳动力供给变化时，将（4.1）两边同时除以 L_0，从而将劳动力供给的增长分解为人口数量、人口结构和劳动参与率三个影响因素，如（4.2）式所示。

$$\frac{L_n}{L_0} = \frac{P_n}{P_0} \times \frac{\sum_{x=15}^{64} W_n(x) R_0(x)}{\sum_{x=15}^{64} W_0(x) R_0(x)} \times \frac{\sum_{x=15}^{64} W_n(x) R_n(x)}{\sum_{x=15}^{64} W_n(x) R_0(x)} \tag{4.2}$$

其中 $\dfrac{P_n}{P_0}$ 表示人口数量变化，$\dfrac{\sum_{x=15}^{64} W_n(x) R_0(x)}{\sum_{x=15}^{64} W_0(x) R_0(x)}$ 表示人口结构变化，

$\dfrac{\sum_{x=15}^{64} W_n(x) R_n(x)}{\sum_{x=15}^{64} W_n(x) R_0(x)}$ 表示劳动参与率变化。

三 劳动力供给影响因素分析

根据（4.2）式，对 1990~2017 年劳动力供给增长的原因进行因式分

解，得到各因素在不同时间段影响劳动力供给变化的相对值和绝对值，如表6-8所示。其中，由于时间跨度不同，本节均以年均数据表示计算结果，便于不同时期的比较。

（一）东北地区劳动力供给变化总体情况

从横向进行分析，不论是从相对数还是绝对数角度，劳动力供给状况都在急剧恶化，虽然2006~2012年劳动力供给有一定的增长，但是之后数量急剧下降。从纵向进行分析，1990~1998年，人口数量相对值对劳动力供给的贡献值为1.035，人口结构相对值对劳动力供给的贡献值为1.053；而劳动力参与率相对值的贡献值为0.996，平均每年为劳动力供给增加贡献-2.1万人，对劳动力数量的增加起到了抑制作用。总体上，人口学因素的正面影响对冲掉非人口学因素的负面影响，对东北地区的劳动力供给的增加起到了积极的作用。而2012~2017年，劳动力参与率相对值的贡献值为1.039，成为助推劳动力供给增长的唯一动力；人口数量相对值对劳动力供给的贡献值为0.988，人口结构相对值对劳动力供给的贡献值为0.960，都小于1，对劳动力供给的增加起到了抑制作用。这意味着东北地区劳动力供给的增加已经开始转向依靠劳动参与率，而人口学因素已经对劳动力供给的增长产生抑制作用，庞大的人口基数所带来的人口正增长惯性已经失效。

（二）从人口学因素角度看东北地区的劳动力供给

由表6-8可以看出，人口学因素对东北地区的劳动力供给的贡献呈现稳步降低趋势，从1990~1998年的1.089逐渐降低到2006~2012年的1.019，再降到2012~2017年的0.948，人口学因素已经成为劳动力供给负增长的主导力量，这使劳动力的持续供给面临着非常严峻的挑战。

从人口数量来看，生育率的下降无疑会减缓人口总量的增长，这反映在人口数量对劳动力供给的影响上就是相对值和绝对值一直下降，这与统计的最终结果是相一致的。从人口结构来看，人口结构因素对劳动力供给的贡献明显高于人口数量因素。2006年之前，庞大的人口规模带来的人口红利为东北地区提供了充足的劳动力供给。而2006年之后，由于东北地区严格实施计划生育政策，再加上生育意愿降低、预期寿命延长、人口红利减弱以及适龄劳动人口流出，东北地区的人口结构不断恶化，2012~2017年平均每年人口结构对劳动力供给的相对贡献值为0.960，绝对贡献值为-44.7万人，人口结构已经成为劳动力负惯性增长的推动力量。

因此，东北地区的劳动力供给增长在早期很大程度上依靠良好的人口结构，而随着人口结构的持续恶化，劳动力供给数量迅速减少。

（三）从劳动参与率角度看东北地区的劳动力供给

表6-8显示，劳动参与率的作用与人口数量、人口结构的作用刚好相反，2006年以前，劳动参与率的影响为负，但2006年之后，劳动参与率对劳动力供给增长的相对贡献值高于1，具有正向影响。

1990~1998年、1998~2006年，劳动参与率相对值对劳动力供给的贡献值都小于1，促使劳动力供给减少。但是从2006年之后，尤其是2006~2012年，劳动参与率相对值对劳动力供给的影响开始转为积极方向，贡献值高达1.100，平均每年使劳动力供给增长85.7万人。即使在2012年之后，人口数量和人口结构使劳动力供给负增长的情况下，劳动参与率相对贡献值仍为1.039。不过，劳动参与率的正向作用仍然无法抵消人口学因素的负向作用，东北地区的劳动力供给仍然减少。

表6-8　各因素变动对劳动力供给的影响

单位：万人

因素	1990~1998年		1998~2006年		2006~2012年		2012~2017年	
	相对值	绝对值	相对值	绝对值	相对值	绝对值	相对值	绝对值
劳动力供给年均变化	1.085	47.6	1.060	36.6	1.120	102.8	0.985	-16.7
人口学因素	1.089	49.6	1.074	44.9	1.019	17.7	0.948	-58.1
人口数量变化	1.035	19.8	1.020	12.2	1.006	5.4	0.988	-13.4
人口结构变化	1.053	29.8	1.053	32.7	1.013	12.3	0.960	-44.7
非人口学因素								
劳动参与率变化	0.996	-2.1	0.987	-8.3	1.100	85.7	1.039	41.4

四 小结

整体来看，东北地区少子老龄化程度日益加深，劳动年龄人口比重降低，劳动力供给不断减少。20世纪90年代的低生育率开始反映在劳动年龄人口的补充不足上，而持续的低生育率加剧了少子化问题，少子化又进一步加剧了人口老龄化程度，老年人口比重逐年稳步上升的同时劳动年龄人口比重收缩，这也在某种程度上造成东北地区人口红利消失殆尽，劳动力供给减少。

在劳动力供给的影响因素分析中，我们看到人口结构的恶化成为劳动力供给减少的主要原因，人口数量的减少是劳动力供给减少的次要原因，虽然劳动参与率的提高对劳动力供给增长起到了一定的促进作用，但是无法弥补人口学因素带来的劳动力供给减少。由于人口老龄化以及劳动年龄人口结构的老龄化会导致劳动参与率的降低，随着东北地区人口结构的进一步恶化以及人口总量的减少，未来东北地区的劳动力供给问题将更加严峻。

第七章

东北地区劳动力供给预测分析

第六章分析了我国东北地区 1990~2017 年劳动力供给的变化及人口数量、人口结构、劳动参与率三个因素的影响，但这些影响因素归根结底主要受人口出生、死亡、迁移等因素的影响。为了解东北地区未来劳动力供给的变化趋势，本章在对人口出生、死亡、迁移等因素进行合理假定的基础上，确定了人口数量、人口结构、劳动参与率的影响，以 2010 年第六次全国人口普查数据为基期数据，首先通过常用的人口预测软件 PADIS-INT 分别预测吉林省、辽宁省和黑龙江省 2020~2050 年的人口规模，然后加总得到东北地区的人口规模，最后结合同期劳动参与率预测东北地区 2020~2050 年的劳动力供给水平。

第一节 参数设定

一 初始人口

以 2010 年第六次全国人口普查数据中东北地区各省的分性别、分年龄人口数为初始人口数。

二 生育水平及生育模式

东北地区的低生育率是由多种因素造成的，在目前的社会背景下超低生育率的状况在近期也很难发生重大改变（侯力，2018）。由于相似的社会背景和相近的总和生育率，本章统一设定吉林省、辽宁省和黑龙江省的生育水平参数。本章设置低、中、高三种方案，在低生育率方案下，总和生育率在 2010~2050 年保持 0.75 不变，含义是总和生育率受此后生育政策调整的影响很小；在中生育率方案下，总和生育率在 2010~2020 年由 0.75 线性上升到 1.25，之后保持不变，含义是这十年间单独二孩和全面二孩政策的实施刺激了人口的增长；在高生育率方案下，总和生育率在中生育率方案的基础上，在 2020~2030 年又由 1.25 线性上升到 1.75，之后保持不变，可看作总和生育率对未来十年生育政策全面放开的一种积极反应。

以 2010 年第六次全国人口普查数据中东北地区各省 15~49 岁育龄妇女的分年龄生育率作为预测期各省的生育水平。

三　死亡水平及死亡模式

死亡水平可通过平均预期寿命反映。2010 年吉林省、辽宁省和黑龙江省的男（女）性平均预期寿命分别为 72.12（78.44）岁、74.12（78.86）岁和 73.52（78.81）岁。根据联合国预期寿命增加值预测方案（见表 7-1），可推算出各省人口从 2011 年到 2050 年的平均预期寿命。

PADIS-INT 软件中包括联合国生命表和寇尔德曼生命表两种生命表。寇尔德曼生命表下的西区模式是在 264 个实际生命表数据的基础上建立的，这些生命表主要来自以色列、日本、中国台湾、南非、澳大利亚、新西兰和北美的一些国家，它们的死亡数据无明显的系统偏差，故这组模型较其他几组有更广泛的代表性，被当作标准的模型生命表（秦芳芳，1989）。中国目前的死亡模式符合寇尔德曼生命表下的西区模式（黄匡时等，2017），因此本章选取该模式作为预测期的死亡模式。

表 7-1　联合国预期寿命增加值预测方案

单位：岁

目标预期寿命	每五年增加值	
	男性	女性
72.50~75.00	0.80	1.20
75.00~77.50	0.50	1.00
77.50~80.00	0.40	0.80

目标预期寿命	每 5 年增加值	
	男性	女性
80.00~82.50	0.40	0.50
82.50~85.00	0.20	0.40

资料来源：世界银行数据库。

四 出生性别比

2010 年吉林省、辽宁省和黑龙江省的出生性别比分别为 115.67、112.91、115.10。假定到 2050 年各省出生性别比都降到正常范围内（107 以内），中间各年的数据通过线性内插法进行补齐。

五 迁移水平及迁移模式

由于迁移水平受各种因素影响而极不稳定，故本章采用不变迁移水平方案。利用中国统计年鉴数据，通过计算 2011~2018 年东北地区各省的常住人口增长率，减去同年的人口自然增长率，得到净迁入率，取其平均值作为各省的迁移水平。吉林省、辽宁省和黑龙江省的平均净迁入率分别为-2.35‰、-0.14‰、-2.2‰。

受迁移模式相关数据缺乏的影响，本预测以 2010 年东北地区各省分性别的年龄结构作为各省的迁移模式。

六 劳动参与率

劳动参与率的影响因素有很多，如劳动人口经济负担、经济增长率、工资水平、人口年龄结构、退休年龄、高等教育规模等。本章结合相关研究，对各年龄组的未来劳动参与率进行合理的假设。

根据 2010 年第六次全国人口普查长表中的分年龄就业数据，东北地区 15~20 岁劳动年龄人口 2010 年的劳动参与率为 27.11%，假定以后每年降低 0.5 个百分点。20~25 岁劳动年龄人口 2010 年的劳动参与率为 62.28%，假定受研究生扩招的影响，以后每年降低 0.25 个百分点。25~50 岁劳动年龄人口 2010 年的劳动参与率为 86.94%，以后维持稳定且保持高位。50~65 岁劳动年龄人口 2010 年的劳动参与率为 55.87%，假定在 2010~2020 年基本不变，随着我国渐进式延迟退休方案的逐渐实施，在 2020~2035 年，每年上升 1 个百分点，其后仍然保持不变。

第二节 劳动年龄人口的发展趋势

一 劳动年龄人口规模

如图 7-1 所示，在低、中、高生育率方案下，2020~2050 年东北地区劳动年龄人口都将大幅减少，由 2020 年的 7920 万人分别减少到 2050 年的 3577 万人、4086 万人、4287 万人，降幅分别为 54.8%、48.4%、45.9%。在 2050 年，中生育率方案比低生育率方案高出 509 万人，而高生育率方案比中生育率方案仅高出 201 万人。

东北地区的劳动年龄人口规模在 2010 年左右已先于全国到达拐点，因此即使在 2010 年之后提高生育率水平，也无法抵挡劳动年龄人口快速下降的趋势。值得注意的是，2010 年出生的人口在 2025 年才步入劳动年龄人口行列，即使提高生育率，2025 年之前劳动年龄人口规模也不会发生变化。按照本章的假设，高生育率方案下劳动年龄人口规模在 2035 年之后才会超过中生育率方案，因而高生育率方案比中生育率方案仅高出 201 万人。

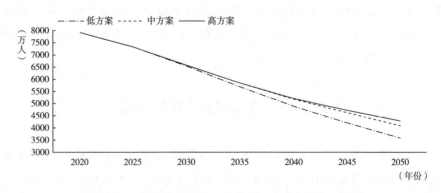

图 7-1 不同生育率方案下东北地区劳动年龄人口预测

二 劳动年龄人口结构

由表 7-2 可知，三种生育率方案下的人口结构依旧具有少子化、老龄化的特征。其中低生育率方案下的人口问题最为严重，0~15 岁人口比重仅为 4.3%，65 岁及以上人口比重高达 44.2%，而 15~65 岁人口比重为51.5%。相对其他两种方案，高生育率方案下的人口年龄结构相对均衡一些，但少子老龄化的问题仍然突出，0~15 岁人口占比为 10.9%，65 岁及以上人口占比依然高达 37.2%，超过总人口的 1/3。结合现阶段东北地区经济发展情况，东北地区将面临更加严峻的未富先老局面。

表 7-2 不同方案下东北地区 2050 年人口年龄结构

单位:%

年龄	低方案	中方案	高方案
0~15 岁	4.3	8.0	10.9
15~65 岁	51.5	52.5	51.9
65 岁及以上	44.2	39.5	37.2

由图 7-2 可以看出，在中生育率方案下，2050 年东北地区的劳动年龄人口依然具有老龄化特征，年龄结形呈倒三角形。其中 60~65 岁人口最多，而 15~20 岁人口最少。2050 年以后，东北地区的劳动力资源依然面临着大幅减少的趋势，重要原因在于总和生育率较低，且显著低于人口更替总和生育率 2.1。但随着不同方案下生育率的提高，劳动年龄人口结构的老龄化程度有所改善。

第三节 劳动参与率的变化

结合预测的劳动年龄人口和本章对分年龄段劳动参与率的假设，可得到未来的总体劳动参与率，见图 7-3。如前文所说，由于人口出生之后 15年才步入劳动年龄人口行列，2025 年之前不同方案的劳动年龄人口规模不变，劳动参与率也相同。根据本章对生育率的假设，中生育率方案和高生

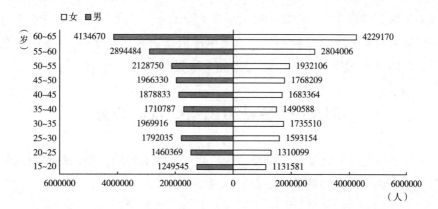

图7-2　中生育率方案下东北地区劳动年龄人口的性别与年龄结构

育率方案在2025~2035年的劳动参与率也相同。从图7-3可以看出，2035年之后，高生育率方案的劳动参与率曲线低于中生育率方案，中生育率方案的劳动参与率曲线又低于低生育率方案，原因在于生育率的提高在短期内会降低劳动参与率。

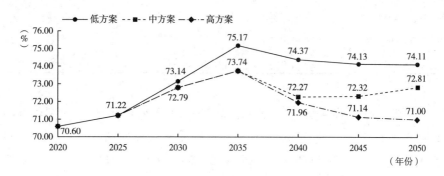

图7-3　不同方案下东北地区劳动参与率预测

本章预测，由于渐进式延迟退休方案的实施，不同方案下的劳动参与率在2020~2035年均会提高，低生育率方案下提高4.57个百分点，中、高生育率方案下提高3.14个百分点。2035~2050年，低生育率方案下的总体劳动参与率呈现下降趋势；中生育率方案下的总体劳动参与率呈现先下降后上升趋势，在下降阶段主要受15~25岁人口劳动参与率下降的影响，之所以再上升是因为中生育率方案下出生的人口逐渐达到 25 岁；高生育率方案下的总体劳动参与率之所以也呈现下降趋势，是因为 15～25 岁年人口的劳动参与率下降，而高生育率下出生的人口还未达到 25 岁。不同方案下，2050 年的劳动参与率相对 2020 年有所提高。

第四节　劳动力供给的发展趋势

基于以上对劳动年龄人口与总体劳动参与率的预测，我们得到东北地区劳动力供给的预测结果，如表 7-3 所示。

表 7-3　不同方案下东北地区劳动力供给预测

单位：万人

年份	低方案	中方案	高方案
2020	5591	5591	5591
2025	5221	5220	5220
2030	4782	4786	4786
2035	4274	4310	4310
2040	3628	3743	3745
2045	3115	3338	3357
2050	2651	2975	3043

在低、中、高生育率方案下，2020～2050 年东北地区的劳动力供给都将大幅下滑，由 2020 年的 5591 万人分别减少到 2050 年的 2651 万人、2975 人、3043 万人，分别减少 2941 万人、2616 万人、2548 万人。在低生育率方案下，如果生育率一直维持 0.75，2050 年劳动力供给将比 2020 年减少 52.6%；在中生育率方案下，如果生育率在 2020 年上升到 1.25，2050 年劳动力供给将比 2020 年减少 46.8%；在高生育率方案下，预期生育率在 2030 年上升到 1.75，2050 年劳动力供给将比 2020 年减少 45.6%。

2050 年，中生育率方案下的劳动力供给比低方案多 324 万人，而高生育率方案下的劳动力供给仅比中生育率方案多 68 万人，这是由于生育堆积效应还没有充分发挥出来，相当一部分人还没有完成向劳动力资源的转化。2050年之后，随着生育堆积效应的显现，高生育率方案下的劳动力供给将远远超过中生育率方案。

结合本章假定的迁移模式、不变的迁移水平及预测的劳动参与率，预测东北地区外流的劳动力将从2020年的8.5万人左右逐渐减少到2050年的6.3万人左右，30年间将至少流出约200万劳动力。

第八章

主要结论及对策建议

第一节　主要结论

一　吉林省人口流动现状

根据第五次全国人口普查结果，现居住地不在吉林省而户口登记地在吉林省的人数为 361559 人。根据第六次普查结果，现居住地不在吉林省而户口登记地在吉林省的人数为 125651 人，同第五次全国人口普查数据相比下降了 65.2%。吉林省人口外流具有如下特征：（1）流出人口存在性别差异，流出人口中男性占比为 51.7%，性别比为 107.0，高于常住人口；（2）年龄结构呈倒"U"形分布，表现为 25~30 岁人口所占比重最高，为 19.8%，15~20 岁、60~65 岁人口和 65 岁及以上人口所占比重较低，分别为 2.1%、2.5% 和 2.7%；（3）高学历流出人口流向经济较发达地区，流向东部地区的人口中，小学及小学以下学历的人口占 8.9%，初中学历的占 37.2%，高中或中专学历的占 24.4%，大专及以上学历的占 29.5%；（4）流出人口中在婚人口比重较大；（5）农村人口是外流的主力，占流出人口的七成左右，省内流动和流向黑龙江省、辽宁省的比重与总体的情况类似，农业人口占七成，而流向东部地区的人口则存在明显差异，非农业人口占 41.9%，说明东部地区是技术型城镇户籍人口的首选地；（6）务工经商是流动的主要原因。

二　吉林省流出人口就业状况

（1）从就业状态看，吉林省流出人口中男性就业比重较高。流出人口中受教育程度主要为初中或者高中，所占比重与其在就业人口中所占比重基本相同。户口类型为农业的人员占据主流，且就业率较高。中短期（0~6年）流出人口占总流出人口的比重较大。流动时长为0~2年的人员占总流出人口的比重为28.5%，占就业人员的比重为30.1%。流动时长为2~6年的人员占总流出人口的比重为41.5%，占就业人口的比重为40.3%。（2）从就业职业看，专业技术人员、生产运输人员、无固定职业者中，男性比重较大；管理者及办事员和专业技术人员主要拥有大学本科学历，比重分别为34.9%和29.2%；商业服务人员中54.3%为初中学历、60.2%的生产运输人员为初中学历，51.0%的无固定职业者为初中学历。农业户口的流出人口主要从事的职业为生产运输业。（3）就业行业方面，只有公共服务业中女性的比重大于男性，不同行业流出人口的受教育程度差距较大，不同行业流出人口中初婚人员占主流，不同行业流出人口的户口类型差距较大。（4）从就业身份看，不同就业身份的流出人口中男性比重较高，不同就业身份的流出人口的年龄分布不同，流出人口中的雇员主要分布在25~30岁年龄组，自营劳动者主要分布在40~45岁年龄组。（5）单位性质方面，只有在机关团体中，女性占比略高于男性，不同单位性质的流出人口的年龄分布差异较大，只有机关团体中非农业户口人员较多，流动时长为2~6年的人员占主流。

三　吉林省流出人口收支状况

（1）在月收入方面，男性收入水平明显高于女性，其中收入水平越高的人群，男性所占比重越大，只有收入水平在0~2000元的人群中，女性比重高于男性；年龄与收入水平的关系呈凸性，25~45岁的中青年群体收入较高，其中高收入群体主要为30~35岁；婚姻状况对收入水平的影响较小，但初婚人群获得高收入的可能性较大；农业与非农业户口流出人口的收入水平差距明显，收入水平越高的人群中，农业户口人员占比越低。（2）住房支出方面，流出人口中男性住房支出要明显高于女性；25~50岁人口的住房支出比较高；少数民族流出人口中住房支出较多的是满族和朝鲜族。（3）食品支出方面，食品支出在 1000 元以下的人占多数；30 ~ 35 岁人口的食品支出比较大；不管是农业户口还是非农业户口流出人口，其食品支出主要在 2000 元以下；流出人口中跨省流动和省内跨市流动的居多，其食品支出水平主要集中在 0 ~ 1000 元。（4）月支出方面，男性总体要高于女性，总支出金额主要集中在 4000 元以下；30 ~ 35 岁人口总支出的份额比较大；跨省流动和省内跨市流动的人口，其支出水平主要集中在 4000 元以下。

四 东北地区少子老龄化变动情况

（1）自 1990 年以来东北地区的出生率大幅下滑，2003 年至今仍维持在较低水平，其中吉林省与黑龙江省出生率只有全国平均水平的一半左右。不管是生育率还是生育意愿，东北地区均明显低于我国其他地区。东北地区的少年儿童人口比重与少儿抚养比与我国平均水平的差距进一步拉大。（2）2003 年以来，东北地区人口总数基本保持不变的同时，老年人口却不断增长，2003 ~ 2017 年老年人口的涨幅达到 75%，老年人口比重也在不断上升，接近深度老龄化水平。老年抚养比也在迅速升高，且增速有不断加快的趋势。东北地区人口一直呈现净流出的态势，而且流出的规模越来越大，同时流出人口具有年轻化、高学历等特征。

五 东北地区劳动力供给影响因素

（1）东北地区经济活动人口总量从 2014 年左右已经开始减少，并呈现断崖式下跌。长期的低生育水平积累起来的巨大的负增长惯性已经对冲掉正增长惯性的力量，人口红利消失殆尽。（2）人口学因素对劳动力供给的影响呈现递减的趋势。2012 年以前，东北地区劳动力供给的增加在很大程度上依靠良好的人口结构，人口数量对劳动力供给有小幅度的影响。2012 年以后，人口学因素已经成为劳动力供给负增长的主导力量，其中人口结构的影响最为明显。（3）劳动参与率的作用与人口学因素相反，2006 年以前，劳动参与率有负向影响；在 2006 ~ 2012 年，劳动参与率对劳动力供给的影响指数高于 1，具有正向影响并抵消了人口学因素的负向作用，促进劳动力供给的增加；2012 年之后，虽仍具有正向影响，但已无法抵消掉人口学因素带来的负向作用。

六　东北地区未来劳动力供给预测

（1）未来东北地区的劳动年龄人口将大幅下滑，在高、中、低生育率方案下，劳动年龄人口到 2050 年将分别减少到 5529.1 万人、5194.4 万人、4859.7 万人。（2）2035 年东北地区的劳动年龄人口结构老龄化较为明显，整体呈倒三角形。2050 年劳动年龄人口失衡的情况有所缓解，不过60~65 岁人口数量依然庞大。三种生育模式下，生育率的提高对于 2050 年之后的劳动力人口结构与人口规模将有巨大的影响。（3）三种方案下的人口结构整体依旧具有少子化、老龄化的特征。中生育率方案与高生育率方案相对低生育率方案，人口结构相对均衡，不过少子老龄化的问题仍然突出。（4）不论采用哪种生育率方案，东北地区的劳动力供给都将在未来大幅下降。在高、中、低生育率方案下，2050 年较 2015 年将分别减少 2373.5 万、2618.6 万、2884.7 万劳动力供给。

第二节　对策与建议

一　营造良好的就业环境，吸引人才

吉林省流出人口以经济型流动为主，多数是追求更好的收入和生活条件，说明良好的就业环境或就业机会是减少吉林省人口流出的首要措施。目前，吉林省就业机会不足，促使人们更多地选择向东部沿海地区、内陆经济相对发达地区流动，高学历人才流出更为明显。因此，为了缓解吉林省人口流出现状，可针对不同人群采取不同措施。针对普通进城务工人群，应建立健全劳动力的培养与就业保障机制，努力营造良好的就业用人环境，建立健全就业或创业促进机制，形成完备的劳动保护体系，多方位鼓励劳动力自主创业或灵活就业；针对高学历人才，在落户条件、住房补贴、提高收入等方面着手，一方面留住本地培养的人才，另一方面，积极投入当前如火如荼的"抢人大战"中，吸引更多优秀人才来吉林省就业；

针对私营企业主，应简化办公程序、推进产业结构转型，为民营经济、私营经济发展提供良好的条件，同时鼓励本地优秀人才回乡创业。

振兴东北的关键在人才，高素质人才的大量外流严重制约了东北经济的转型升级。为此，打造培育和激励人才的良好制度环境是关键。应加大对高端人才的补贴力度，建立健全市场化的产权激励机制，对重大科技成果完成人给予奖励。对拥有知识产权的研发人员，按合作项目收益的一定比例进行分成。在国有及国有控股企业中大力推行股权、期权等中长期激励办法，采取技术折股、出售股权、技术奖励等方式对相关专业技术人员进行激励。对做出突出贡献的技术人员应破格提拔。

二　调整产业结构，提高工资待遇

产业结构升级缓慢是东北地区人口大量外流的重要原因，特别是高技术产业、金融产业等知识型、高附加值的现代服务业发展缓慢。引导产业升级转型的过程应与潜在需求相结合，特别是，在人口老龄化日趋严重的背景下，应以此为契机，针对不同层次老龄消费群体提供创新消费产品，这样一方面可以促进养老产业的发展，同时可以提供更多的就业岗位。为此，应加大全面改革力度，推进传统产业转型升级，结合地区资源禀赋，培育符合地区实际的新经济增长点，促进东北三省经济企稳向好。推进老工业区更新改造，加强城市轨道交通等基础设施建设，打造宜居的生活环境。推动职工养老金体系的统筹管理，以部分国有资产补充社保基金，增加东北地区养老保险兜底能力。优化市场软环境，促进民营经济发展，鼓励民间投资，激发市场活力，增强民营经济的就业吸纳作用。充分发挥东北地区高校资源丰富、产业技术工人富集优势，更好地把握国家战略机遇，提供留住人才、吸引人才的发展空间和平台。加快融入"一带一路"建设，发挥联俄蒙区位优势，提升东北三省开放程度，加快形成东北发展新动力。深化东部地区与东北地区的对口合作，加快在人才交流、干部交流、发展理念、产业合作、体制机制等方面与东北三省四市结对合作，增强东北地区经济市场化活力，缩小与东部地区经济发展差距。

努力提高各行业的工资待遇，缩小同其他地区差距。人口流出的主要动机是利用地区间的工资差异来实现自身利益的最大化，而当前东北地区各行业的工资水平普遍存在两个问题：一是各行业就业人员平均工资普遍低于东部发达地区，二是劳动力素质同就业人员的工资水平不相配。为了从源头上解决东北地区人口流出问题，当地政府应该在营造良好就业环境的基础上，重点提高各行业的工资水平，缩小同其他地区的工资差距，改善就业人员用工待遇。

三　保障边境地区人口安全

吉林省延边地区存在大量人口外流现象，导致农业劳动力匮乏。为解决人力资本结构的不均衡，首先要促进农业劳动力的合理有效配置，政府须制定积极有效的优惠政策，在增加农业生产补贴的同时，也可以采取主动的奖励政策来鼓励增产增收的农户。其次，由于边境地区的经济发展相对落后，本地培养出来的大学生和技术人员在毕业后大多不愿意回去建设自己的家乡，而外地的大学生则更不愿意到这里贡献自己的力量，因此政府需要采取能够吸引高素质人才的措施，同时强化市场功能，使市场自身发挥吸引资源和人才的集聚效应。

深入实施兴边富民政策，因地制宜发展边境旅游、绿色产业等特色优势产业，扩大就业，增加居民收入，减少边境地区的人口流失。加强边境地区公共服务体系建设，对边境地区公共服务资源配置给予倾斜。加大对边境地区的财政转移支付，在人口总量因素之外将人口结构和地理因素等纳入转移支付测算标准。适度提高边境地区义务教育教师、医务人员薪酬待遇，吸引和留住边境地区基层人才。加大对沿边地区以及民族地区公共教育、医疗卫生、养老等公共服务的投入力度，提升人口吸引力和承载力，繁荣民族地区经济，促进边疆繁荣稳定。

完善农村社会保障体系。延边地区的留守人口中，老人数量最多，不少老年人由于赡养者长期外出打工，独自一人在家，无人照料，所以需要进一步完善农村社会保障体系。这需要加大对农村地区卫生医疗设施的投入，提高农村医疗保障的水平，完善农村社会救助制度，特别是将生活不能自理或健康状况较差的农村老年人口纳入最低生活保障范围，为那些外出务工人员提供后方保障。

四 完善农村公共服务体系，吸引劳动力回流

东北地区农村人口流出问题，不仅与经济利益有关，也与本地公共服务体系不够完善具有重要关系。一个地区公共服务体系的完善程度和质量对该地区人口的幸福感具有重要影响，而生活幸福指数高的地区往往能够吸引大量人口。因此，（1）完善农村医疗服务体系，并且降低治疗费用。目前大城市处于医疗资源紧张状态，而农村卫生院及基层医院由于技术落后、人才短缺、资金不足等问题处于医疗资源闲置状态，因此要支持大型医院对基层医疗机构开展技术培训和人才培训，同时在职务升迁及工资补贴方面向自愿去基层服务的医务工作者倾斜。同时设立专项资金，以改善基层医疗机构的相关治疗设施，在缩小城乡医疗服务水平差距的同时，满足人民群众的看病需求。（2）提高农村教育质量，完善教育相关配套设施。农村不论是学前教育还是义务教育普遍落后于城市，对此，一方面要改善农村的教育硬件设施，根据人口分布状况，为农村学生修建相应数量的现代化学校；另一方面要改善农村的教育软件设施，由当地政府以人才引进的方式引进名校大学毕业生，并加强与当地重点学校的合作，以提高农村学校老师的教育水平和管理水平。此外，当地执法机关与学校应加强合作，以杜绝农村的校园欺凌事件。（3）转变农村政府机构职能，提高公共服务能力。完善农村的信息化建设，通过互联网技术，使当地人能及时准确地获取公共服务信息，同时能够对政府的工作进行有力的监督。改进农村的管理模式，支持选派优秀大学生或者经验丰富的领导干部在农村村委会任职，凝聚人心，促进当地经济发展，从而提高民众生活满意度。

一　中文文献

[1] 白光润、朱海森：《中国大陆人口移动机制与调控对策》，《人文地理》1999 年第 3 期，第 46~50 页。

[2] 陈吉元：《中国农业劳动力转移》，人民出版社，1996，第 12~17 页。

[3] 陈双德：《流动人口的就业状况及影响因素分析——基于 2012 年江苏省流动人口动态监测数据结果》，南京大学硕士学位论文，2013，第 23 页。

[4] 陈奕平：《当代美国人口迁移特征及原因分析》，《人口研究》2002 年第 4 期，第 59~65 页。

[5] 陈英姿：《中国东北地区资源承载力研究》，长春出版社，2010，第 59 页。

[6] 戴桂菊：《俄罗斯的人口问题和外来移民政策》，《俄罗斯中亚东欧研究》2004 年第 3 期，第 15~21 页。

[7] 杜鹏、李一男：《流动人口外出对其家庭的影响》，《人口学刊》2007 年第 1 期，第 4~8 页。

[8] 杜小敏、陈建宝：《人口迁移与流动对我国各地区经济影响的实证分析》，《人口研究》2010 年第 3 期，第 80~87 页。

[9] 段成荣、吕利丹、邹湘江：《当前我国流动人口面临的主要问题和对策——基于 2010 年第六次全国人口普查数据的分析》，《人口研究》2013 年第 2 期，第 17~24 页。

［10］段成荣、杨舸：《改革开放 30 年来流动人口的就业状况变动研究》，《中国青年研究》2009 年第 4 期，第 54~57 页。

［11］段平忠：《我国流动人口行为的影响因素分析》，《中国地质大学学报》（社会科学版）2008 年第 1 期，第 70~75 页。

［12］逢锦波：《青岛市人口迁移的经济社会影响及对策研究》，青岛大学博士学位论文，2007，第 102~108 页。

［13］付晓东：《中国流动人口对城市化进程的影响》，《中州学刊》2007 年第 6 期，第 89~94 页。

［14］龚丽云：上海流动人口就业研究，上海师范大学，2003，第 45~46 页。

［15］郭欣欣：《流动人口就业与收入社会保护现状及其影响机制分析》，福建师范大学硕士学位论文，2010，第 17~29 页。

［16］侯力：《东北地区长期低生育水平形成原因探析》，《人口学刊》2018 年第 2 期，第 96~104 页。

［17］侯力、于潇：《东北地区突出性人口问题及其经济社会影响》，《东北亚论坛》2015 年第 5 期，第 118~126 页。

［18］贾玉梅：《边境地区人口安全与经济社会发展研究—以黑龙江省边境地区为例》，《人口学刊》2012 年第 5 期，第 25~28 页。

［19］姜玉、刘鸿雁、庄亚儿：《东北地区流动人口特征研究》，《人口学刊》2016 年第 6 期，第 37~45 页。

［20］李竞能：《人口理论新编》，中国人口出版社，2001，第 184~185 页。

［21］李雨潼、张剑宇：《从抚养比看东北地区老龄化》，《人口学刊》2010 年第 6 期，第 38~41 页。

［22］梁海艳：《中国流动人口稳定性及其影响因素研究》，《云南地理环境研究》2011 年第 11 期，第 45~48 页。

［23］梁海艳：《中国流动人口稳定性及其影响因素研究》，《云南地理环境研究》2017 年第 5 期，第 44~52 页。

［24］刘杰：《乡村社会"空心化"：成因、特质及社会风险——以 J 省延边朝鲜族自治州为例》，《人口学刊》2014 年第 3 期，第 85~94 页。

[25] 刘洁、公辉:《图们江地区人口外流的社会影响及解决对策》,《东北亚论坛》2013 年第 6 期,第 87~94 页。

[26] 刘通:《中国地区间人口流动与地区经济发展关系的思考》,《新疆大学学报》(人文社会科学版) 2007 年第 3 期,第 13~18 页。

[27] 刘毅、张建梅、程慧:《人口增长对经济增长的影响作用分析——对广东改革开放以来的实证检验》,《人口研究》2004 年第 2 期,第 177~182 页。

[28] 刘铮:《人口理论教程》,中国人民大学出版社,1985,第 151 页。

[29] 卢元、朱国宏:《老龄化过程中上海市劳动力供给变动趋势及其社会经济影响》,《市场与人口分析》2001 年第 3 期,第 37~44 页。

[30] 马红旗、陈仲常:《我国省际流动人口的特征—基于全国第六次人口普查数据》,《人口研究》2012 年第 6 期,第 88~91 页。

[31] 马忠东、吕智、叶孔嘉:《劳动参与率与劳动力增长:1982-2050 年》,《中国人口科学》2010 年第 1 期,第 11~27 页。

[32] 闵家楠、曹小曙:《国际人口迁移特征及影响因素分析》,《宝鸡文理学院学报》2018 年第 2 期,第 63~69 页。

[33] 穆光宗、张团:《我国人口老龄化的发展趋势及其战略应对》,《华中师范大学学报》2011 年第 9 期,第 29~36 页。

[34] 彭秀健:《低生育率、人口老龄化与劳动力供给》,《中国劳动经济学》2006,43~63 页。

[35] 朴今海、王春荣:《流动的困惑:朝鲜族跨国流动与边疆地区社会稳定》,《中南民族大学学报》(人文社会科学版) 2015 年第 2 期,第 12~16 页。

[36] 齐明珠:《我国 2010~2050 年劳动力供给与需求预测》,《人口研究》2010 年第 5 期,第 76~87 页。

[37] 沈琴琴:《北京市产业结构调整下的流动人口就业结构研究》,《中共济南市委党校学报》2010 年第 4 期,第 9~12 页。

[38] 童玉芬:《人口老龄化过程中我国劳动力供给》,《人口研究》2014 年第 2 期,第 52~60 页。

［39］童玉芬、齐晓娟：《北京市劳动力供给量变动及影响因素的实证研究》，《北京社会学》2008 年第 2 期，第 27～31 页。

［40］王欢：《江苏人口老龄化进程中劳动力供给趋势》，《中国统计》2015 年第 1 期，第 31～33 页。

［41］王磊：《乡村人口流失问题对中蒙边境地区边境管理活动的影响及举措》，《特区经济》2018 年第 1 期，第 154～156 页。

［42］王伟、岳博：《中国老年人口数量预测分析》，《合作经济与科技》2019 年第 12 期，第 166～168 页。

［43］王蔚：《流动人口就业情况的实证研究——以成都市温江区为例》，《四川教育学院学报》2011 年第 11 期，第 53～57 页。

［44］王晓峰、田步伟：《延边朝鲜族人口流动的特征和影响因素研究》，《人口学刊》2018 年第 1 期，第 78～87 页。

［45］韦小丽、朱宇：《流动人口居留意愿与就业特征》，《南京人口管理干部学院学报》2008 年第 2 期，第 20～25 页。

［46］吴忠观：《人口科学辞典》，西南财经大学出版社，1997，第 382～383 页。

［47］肖宝玉：《莆田市人口流动特征及其影响因素探析》，《莆田学院学报》2013 年第 6 期，第 98～101 页。

［48］许世存：《吉林省人口流动与经济社会发展研究》，吉林大学博士学位论文，2013，第 15～18 页。

［49］阎蓓：《新时期中国人口迁移》，湖南教育出版社，1999，第 98 页。

［50］杨白冰：《东北人口外流的经济影响》，《中国经贸导刊（理论版）》2018 年第 11 期，第 54～56 页。

［51］杨河清：《劳动经济学》，中国人民大学出版社，2002，第 79～83 页。

［52］杨继瑞、薛晓：《我国商业化养老地产的转型发展研究》，《经济纵横》2014 年第 12 期。

［53］杨亮：《城市化背景下边疆少数民族农村的人口流动与经济社会状况——基于延边州三合镇的实地调查》，中央民族大学硕士学位论

文，2013。

［54］杨雪：《东北三省劳动力供给现状及趋势分析》，《人口学刊》2007 年第 06 期，第 9~12 页。

［55］杨雪、龚凯林：《中部地区省际人口流出对流出地经济影响的实证分析》，《人口学刊》2017 年第 9 期，第 37~45 页。

［56］杨雪、侯力：《我国人口老龄化对经济社会的宏观和微观影响研究》，《人口学刊》2011，04，第 46~53 页。

［57］尹德挺、袁尚、张锋：《改革开放四十年中国人口流动与分布格局变迁》，《人口与计划生育》2018 年第 12 期，第 25~30 页。

［58］尹豪：《人口学导论》，中国人口出版社，2006，第 149~151 页。

［59］于潇、李袁园、雷峻一：《我国省际人口迁移及其对区域经济发展的影响分析—"五普和"六普"的比较》，《人口学刊》2013 年第 3 期，第 5~14 页。

［60］曾毅：《人口分析方法与应用》，北京大学出版社，1993，第 23~26 页。

［61］翟振武、陈佳鞠、李龙：《2015~2100 年中国人口与老龄化变动趋势》，《人口研究》2020 年第 2 期，第 60~71 页。

［62］翟振武、王宇、石琦：《中国流动人口走向何方?》，《人口研究》2019 年第 2 期，第 6~11 页。

［63］张车伟、蔡翼飞：《中国"十三五"时期劳动供给和需求预测及缺口分析》，《人口研究》2016 年第 1 期，第 38~56 页。

［64］张航：《中国东北地区人口流出问题分析》，《环渤海经济瞭望》2018 年第 7 期，第 74~77 页。

［65］张洁：《流动人口子女受教育权利研究》，四川大学硕士学位论文，2007，第 10~11 页。

［66］张鹏程：《城市流动人口就业问题及其管理分析》，《人才资源开发》2016 年第 4 期，第 170~171 页。

［67］张为民、李希如：《中国流动人口状况分析》，《经济研究参考》1998 年第 57 期，第 4~10 页。

［68］张幸福、王晓峰：《流动人口就业身份选择决策及其对城市融入的影响》，《学习与探索》2019年第3期，第35~43页。

［69］张迎春：《东北地区劳动力外移的经济影响》，《大连海事大学学报》（社会科学版）2015年第4期。

［70］赵秋成：《东北地区劳动力参与率为什么最低?》，《东北财经大学学报》2013年第1期，第38~45页。

［71］郑晓瑛、陈功、庞丽华、曹桂英、任强、刘玉博、张蕾：《中国人口、人力资本变化趋势市场与人口分析》，《市场与人口分析》2007年第1期，第16~18页。

［72］郑真真、廖少宏：《人口变动对劳动力供给的影响》，《中国劳动经济学》2007，01，第97~108页。

［73］周祝平、刘海斌：《人口老龄化对劳动力参与率的影响》，《人口研究》2016年第3期，第58~70页。

［74］朱传耿、顾朝林、张伟：《中国城市流动人口影响因素的定量研究》，《人口学刊》2002年第2期，第9~12页。

二 外文文献

［1］Becker Gary, "Altruism, Egoism, and Genetic Fitness: Economics and Sociobiology," *Journal of Economic Literature*, 1976.

［2］Dorothy J. Solinger, "Citizen Ship in China's Internal Migration: Comparisons with Germany and Japan," *Political Science Quarterly*, 1999.

［3］Harry Xiaoying Wu, "Rural to Urban Migration in the People's Republic of China," *The China Quarterly*, 1994.

［4］Herberle R., "The Cause of Rural-Urban Migration: A Survey of German Theories," *American Journal of Sociology*, 1938 (43): 932-950.

［5］Jacob Mincer, *Labor Force Participation of Married Women: A Study of Labor Supply* (Princeton University Press, 1962).

［6］Lee Everett S., "A Theory of Migration," *Demography*, 1966 (1): 47-57.

［7］Lewis W., "Economic Development with Unlimited Supplies of

Labor," *The Manchester School of Economic and Social Studies*, 1954 (22):
139-191.

[8] Ravenstein E. G. , "The Laws of Migration," *Journal of the Royal Statistical Society*, 1889 (52): 241-301.

[9] Portes A. , "Migration and Underdevelopment," *Politics Society*, 1978 (1): 1-48.

[10] Schulta T. , "Investment in Human Capital," *The American Economic Review*, 1961 (51): 1-17.

[11] Zai Liang, Michael J. White, "Internal Migration in China, 1950-1988," *Demography*, 1996: 375-384.

图书在版编目（CIP）数据

中国东北地区人口流失及其影响研究：以吉林省为
例／侯建明著. --北京：社会科学文献出版社，
2022.6
（吉林大学哲学社会科学学术文库）
ISBN 978-7-5228-0207-7

Ⅰ.①中… Ⅱ.①侯… Ⅲ.①人口流动-影响因素-
研究-吉林 Ⅳ.①C924.243.4

中国版本图书馆 CIP 数据核字（2022）第 099240 号

·吉林大学哲学社会科学学术文库·
中国东北地区人口流失及其影响研究
——以吉林省为例

著　　者／侯建明

出 版 人／王利民
组稿编辑／陈凤玲
责任编辑／李真巧
责任印制／王京美

出　　版／社会科学文献出版社·经济与管理分社（010）59367226
　　　　　　地址：北京市北三环中路甲29号院华龙大厦　邮编：100029
　　　　　　网址：www.ssap.com.cn
发　　行／社会科学文献出版社（010）59367028
印　　装／三河市龙林印务有限公司

规　　格／开　本：787mm×1092mm　1/16
　　　　　　印　张：10　字　数：160千字
版　　次／2022年6月第1版　2022年6月第1次印刷
书　　号／ISBN 978-7-5228-0207-7
定　　价／89.00元

读者服务电话：4008918866